Educação das Relações Étnico-Raciais

PENSANDO REFERENCIAIS PARA
A ORGANIZAÇÃO DA PRÁTICA PEDAGÓGICA

Rosa Margarida de Carvalho Rocha

2ª reimpressão
2023

MAZA
edições

Pesquisa e Elaboração do Texto: Rosa Margarida de Carvalho Rocha

Revisão do Texto: Ana Emília de Carvalho

Projeto Gráfico e Diagramação: Sylvia Vartuli

Ilustrações: Marcial Ávila

R672e   Rocha, Rosa Margarida de Carvalho.
         Educação das relações étnico-raciais : pensando referenciais para a
     organização da prática pedagógica / Rosa Margarida de Carvalho Rocha;
     ilustrações de : Marcial Ávila .— Belo Horizonte : Mazza Edições, 2007.
         96 p. ; 21 X 28 cm.

         ISBN 978-85-7160-420-9

         1. Educação. 2. Educação das relações étnico-raciais. I. Ávila, Marcial. II. Título.

                                CDD: 370.96081
                                CDU: 376.74

Produção gráfico-editorial:

Mazza Edições

Rua Bragança, 101 – Pompeia

30280-410 Belo Horizonte – MG

Telefax: (31) 3481-0591

www.mazzaedições.com.br

edmazza@uai.com.br

Proibida a reprodução total ou parcial desta publicação e/ou das imagens sem autorização prévia.

EDUCAÇÃO DAS RELAÇÕES ÉTNICO-RACIAIS: pensando referenciais para a organização da prática pedagógica corresponde a uma pertinente e significativa contribuição da Profa. Rosa Margarida de Carvalho Rocha para o trato da diversidade étnico-racial nas escolas brasileiras. Pedagoga renomada, a autora disponibiliza, neste volume, alternativas teórico-práticas de caráter didático-pedagógico, voltadas para a consolidação de uma "cultura escolar cotidiana de reconhecimento e respeito às diversidades, às peculiaridades e ao repertório cultural do povo negro, sem hierarquizá-los" (ROCHA, 2006:24).

A comprovada experiência de Rosa Margarida nas últimas décadas, em termos de prática pedagógica de intervenção contra o modelo curricular eurocêntrico – portanto, racista – ainda adotado pelo sistema educacional brasileiro, somada ao seu contínuo aprimoramento intelectual como pósgraduada em Estudos Africanos e Afro-brasileiros, torna esta publicação uma referência obrigatória para educadores, agentes socioculturais e pesquisadores no âmbito das relações étnico-raciais no país. Sem dúvida, a consolidada trajetória profissional da autora confere legitimidade a esta proposta quando, a partir de suas investigações, convoca o leitor a repensar currículos e programas, atividades e rituais pedagógicos, o ambiente escolar, as formas estereotipadas e racistas da expressão oral, a relação professor/aluno, as relações com a comunidade, bem como o papel estratégico das bibliotecas, brinquedotecas e videotecas.

Na verdade, EDUCAÇÃO DAS RELAÇÕES ÉTNICO-RACIAIS: pensando referenciais para a organização da prática pedagógica responde a uma das principais indagações do educador brasileiro hoje: como efetivar, no cotidiano escolar, a implementação da Lei 10.639/2003? E a autora o faz com um notável diferencial: a adoção dos princípios da cosmovisão africana como subsídio transdisciplinar para a prática pedagógica brasileira. Em outras palavras, a autora convida você, leitor, a adentrar o universo cultural africano e, pedagogicamente, participar deste aprendizado nacional em relação às nossas matrizes e heranças fundamentais provenientes de África. Seja bemvindo a este ritual de iniciação!

Profa. Dra. Iris Maria da Costa Amâncio

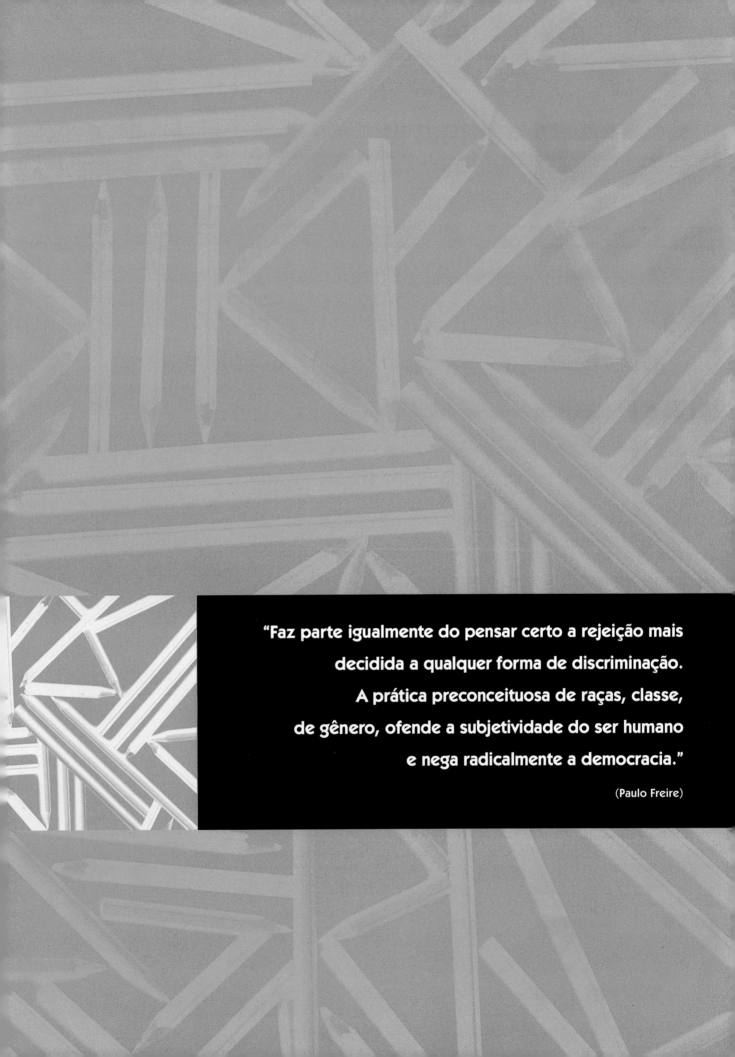

"Faz parte igualmente do pensar certo a rejeição mais decidida a qualquer forma de discriminação. A prática preconceituosa de raças, classe, de gênero, ofende a subjetividade do ser humano e nega radicalmente a democracia."

(Paulo Freire)

Sumário

Apresentação 10

1ª Parte Relações Étnico-Raciais e o Cotidiano Escolar 12

    1 Introdução 14

        1.1 Tecendo novas propostas no ambiente escolar 14

        1.2 O quadro excludente da educação dos afro-brasileiros 15

        1.3 Um pouco de história: a exclusão do negro na educação 16

2ª Parte Dimensão Étnico-Racial e a Prática Pedagógica 22

    2 A construção de novos referenciais 24

        2.1 Identificando referenciais 26

    3 Interdisciplinaridade, integração de saberes, articulação das disciplinas 28

        3.1 Artes 33

        3.2 História 38

        3.3 Ciências 42

        3.4 Português 47

        3.5 Educação Física 51

        3.6 Língua Estrangeira 54

3.7 Geografia 56

3.8 Matemática 60

3ª Parte Pensando um Plano Pedagógico de Ação 64

4 Construindo um projeto de intervenção 66

4.1 Elaboração da proposta 66

4.2 Construção coletiva de uma proposta de intervenção. Pensar e Fazer 70

4.3 Os processos de implantação. Fazer acontecer 71

5 Redimensionar o caminho... Avaliação 72

5.1 Tomada de decisão 77

4ª Parte Oficinas de Sensibilização 78

6 Oficinas de sensibilização 80

6.1 Interação da escola com a população negra - Oficina Bese Saka 80

6.2 Refletir... Ressignificar... Reconstruir - Oficina Sancofa 84

Considerações e Conclusão 91

Referências Bibliográficas 94

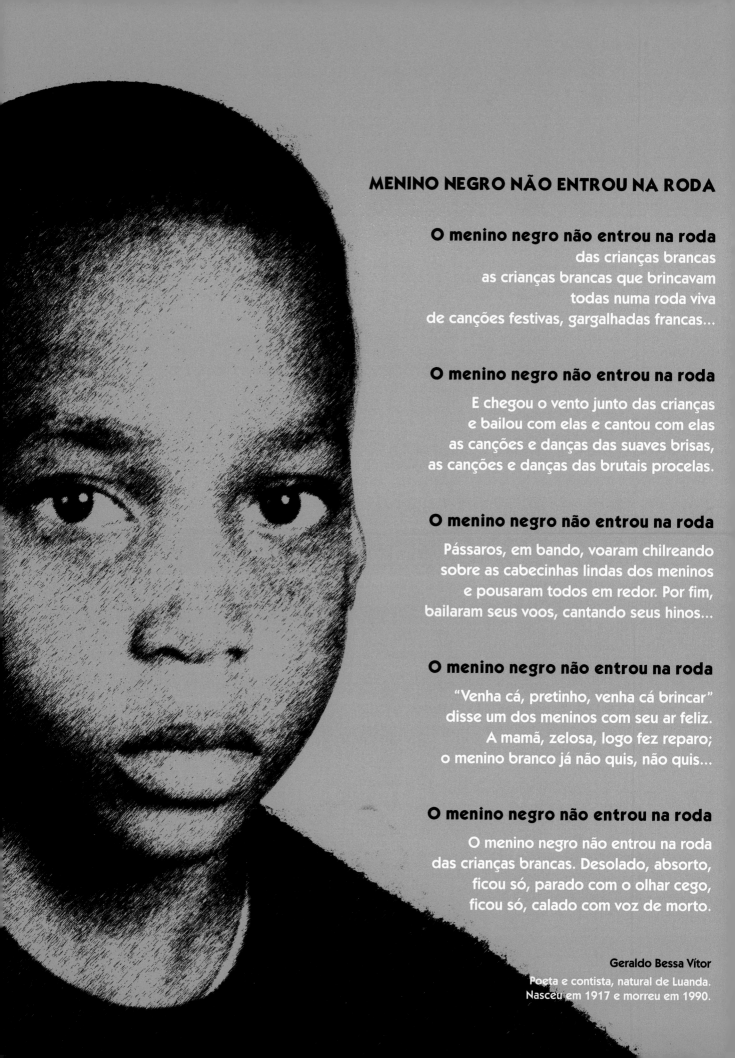

MENINO NEGRO NÃO ENTROU NA RODA

O menino negro não entrou na roda
das crianças brancas
as crianças brancas que brincavam
todas numa roda viva
de canções festivas, gargalhadas francas...

O menino negro não entrou na roda
E chegou o vento junto das crianças
e bailou com elas e cantou com elas
as canções e danças das suaves brisas,
as canções e danças das brutais procelas.

O menino negro não entrou na roda
Pássaros, em bando, voaram chilreando
sobre as cabecinhas lindas dos meninos
e pousaram todos em redor. Por fim,
bailaram seus voos, cantando seus hinos...

O menino negro não entrou na roda
"Venha cá, pretinho, venha cá brincar"
disse um dos meninos com seu ar feliz.
A mamã, zelosa, logo fez reparo;
o menino branco já não quis, não quis...

O menino negro não entrou na roda
O menino negro não entrou na roda
das crianças brancas. Desolado, absorto,
ficou só, parado com o olhar cego,
ficou só, calado com voz de morto.

Geraldo Bessa Vítor
Poeta e contista, natural de Luanda.
Nasceu em 1917 e morreu em 1990.

Dedico este livro à geração de pensadores negros em educação, lutadores eméritos, cujas matrizes teóricas foram meus referenciais, subsidiando a elaboração desta produção editorial que, certamente, poderá contribuir para que os(as) meninos(as) negros(as) brinquem na "roda viva de canções festivas, e gargalhadas francas...".

Em especial aos professores Henrique Cunha Júnior, e aos caros amigos Rafael Sanzio e Carlos Moore Wedderburn, que, por meio de seus consistentes trabalhos acadêmicos, inspiraram-me a pensar em como poderia apresentar orientações didático-pedagógicas aos professores quanto à inclusão do conteúdo da história da África e também, consequentemente, das crianças negras, na roda das crianças brancas, no sistema educacional brasileiro.

Às minhas irmãs, que muitas vezes não entraram na roda, mas fizeram sua própria roda para não ficar só com "olhar cego" e "voz de morto"...

E carinhosamente ao meu "menino negro", companheiro de sonhos, incentivador carinhoso, cúmplice no trabalho, na vida e no amor...

Rosa Margarida

Apresentação

Cadê meu povo, cadê?

Negrinhada afamada,
Bendita e mal falada,
Girassol não sei por quê!
Construindo o que não sabe..
Sonhando com o que não vê...

Para a escola burocrata,
Está tudo resolvido,
Estão todos bem "engajados"...
Com estatísticas e registro!

Girassol já não existe...
Viva a escola e a inclusão!
– Da estatística aparente,
podemos zerar essa gente...
– números nossos não são!

Cadê meu povo, cadê?
Apenas trocou de mão!

São capitães de areia,
No asfalto de BH,
Aprendendo na rua a lição
Que a escola não soube dar.

Caro (a) colega professor(a)

Acredito que, para inaugurar um tempo novo na educação brasileira, é necessário refletir sobre como, por meio das práticas escolares, pode-se fortalecer a escola pública em relação ao conceito de democratização escolar. Ultrapassar a política de mera expansão da oferta de vagas, procurando também a garantia de permanência e sucesso escolar a todos os alunos deverá ser um compromisso a ser assumido institucionalmente.

De acordo com as mais recentes estatísticas, produções teóricas e pesquisas acadêmicas, o racismo presente na sociedade brasileira também se encontra refletido nos sistemas de ensino. Conforme registro da Secretaria Especial de Políticas de Promoção da Igualdade Racial (SEPPIR),

> *o conjunto de indicadores expressa um sistema educacional discriminatório, produzindo uma realidade singular para os alunos e alunas negros:*
>
> *1) a entrada precoce no mercado de trabalho;*
>
> *2) a baixa qualidade de ensino público, onde concentra a maioria dos estudantes afro-descendentes e, portanto, não estimula a elevação de sua autoestima;*
>
> *3) a presença do racismo e do preconceito em sala de aula e no ambiente escolar, que reduz o estímulo dos estudos* (SEPPIR, 2005, p.16).

Neste sentido, prescinde vislumbrar e construir novos referenciais, como também analisar a realidade escolar identificando em cada componente da prática educativa diária (ação pedagógica dos professores, cultura escolar cotidiana, currículo, relações escolares, recursos materiais didáticos e rituais pedagógicos) características que são fundamentais para a consolidação de uma pedagogia da diversidade corroborando para a construção de uma educação antirracista.

Tem-se, portanto, a urgência de construir novos paradigmas educacionais que não tenham como modelo o eurocentrismo. Concepções e princípios excludentes não são mais desejados.

Portanto, a efetivação de um currículo escolar antirracista, contemplando a diversidade étnico-racial brasileira certamente contribuirá para o reconhecimento das diversas manifestações da cultura negra como um patrimônio histórico, ambiental, econômico, político e cultural, e mais ainda, o reconhecimento de que isto não interessa apenas aos estudantes de ascendência negra, mas aos estudantes de outras ascendências étnicas, pois "a cultura da qual nos alimentamos quotidianamente é fruto de todos os segmentos étnicos que, apesar de condições desiguais nas quais se desenvolvem, contribuíram, cada um de seu modo, na formação da riqueza econômica e social e da identidade nacional" (MUNANGA, 2005, p. 16). Paralelamente, incorporar-se-á à cultura de nossa sociedade valores que certamente enriquecerão as relações entre as pessoas, elevando seu nível de qualidade.

Que outros princípios e valores poderão servir como suporte para a construção dessa outra pedagogia desejada, a pedagogia da diversidade e do respeito às diferenças? Que práticas cotidianas poderão dar suporte a esta pedagogia? Que processos pedagógicos viabilizar neste sentido?

É o desafio posto por esta proposta de trabalho que lhes apresento: elencar referenciais e princípios que poderiam nortear o trabalho escolar cotidiano na construção da "Pedagogia da Diversidade", contribuindo para a Educação das Relações Étnico-raciais, isto é, relações entre negros e brancos, para que estas possam construir-se de forma harmônica, em clima de respeito. Ao procurar enfrentar este desafio, foi necessário estabelecer um diálogo com o passado, resgatando a trajetória histórica de exclusão dos negros no campo educacional. Procurou-se apontar algumas das diversas possibilidades de diálogos entre a temática racial, os conteúdos curriculares comumente trabalhados e também elencar algumas habilidades, procedimentos e atitudes que poderão ser desenvolvidos com os estudantes.

Portanto, com esta produção editorial, desejou-se sugerir alguns encaminhamentos que possam levar a uma reflexão mais consistente e crítica sobre a prática educativa, contribuindo para a consolidação de uma cultura escolar cotidiana de respeito às diversidades e peculiaridades da população brasileira, principalmente visualizando com dignidade a população Afrodescendente historicamente discriminada.

Concluindo, desejou-se pensar diretrizes operacionais articulando ações coletivas para a construção de uma proposta pedagógica de intervenção; de um plano de ações coletivas para a construção de uma proposta pedagógica de intervenção; de um plano de ações para inserir a questão étnico-racial no "Projeto Político Pedagógico" da escola.

Mais uma vez, colega professor(a), a exemplo das outras publicações anteriores, desejo partilhar com você algumas possibilidades experienciadas em meu fazer diário como professora e também formadora de profissionais de educação quanto ao tema racial.

Desejo principalmente partilhar o sonho de ver o sucesso da criança negra representado positivamente nos indicadores escolares comumente analisados e a escola apta para combater as posturas etnocêntricas em seu currículo; os professores preparados pedagógica e academicamente, dominando os conteúdos necessários sobre a história e a cultura negra, bem como refletindo sobre os conceitos e valores que trazem sobre o negro e sua cultura.

Sabemos que *"sonho que se sonha só, é apenas sonho, mas sonho que se sonha junto"*...

É assim que, humildemente, esta produção editorial quer se colocar: ser instrumento que possa contribuir para o aprimoramento do processo de discussão e reflexão sobre o trato das questões raciais no cotidiano escolar.

Sucesso em seu fazer pedagógico diário.

1ª Parte
Relações Étnico-Raciais e Cotidiano Escolar

(Fonte: *O Griot*)

Se liga mestre... se você...

Não vê com "bons olhos" o *hip-hop*, o *funk*, a galera do *rap* e outras formas de expressão que são específicos do grupo negro...;

Afirma que o estudo sobre as diferenças entre os grupos étnico-culturais e as situações de desigualdade e discriminação presentes na sociedade não devem ser tratadas na escola, pois poderiam levar a conflitos...;

Trata da questão racial com seus alunos somente nas datas comemorativas como o 13 de Maio e o 20 de Novembro...;

É daqueles que fazem piadas sobre negros, justificando que é só brincadeira, que não devem ser levadas tão a sério, pois existem piadas sobre "louras burras", portugueses, japoneses e judeus...;

Acredita que a cultura negra e suas manifestações estudadas no universo escolar estariam privilegiando um grupo...

Ainda pensa que não há racismo no Brasil, pois a discriminação não é de raça e sim de classe...;

Acha que os negros discutem a questão racial é porque são traumatizados, frustrados e não acreditam no próprio potencial...;

Pensa que a Lei 10.639 é assunto somente para professores de História...;

Você precisa refazer seus conceitos!

Estas ideias falsas, cristalizadas no modo de pensar das pessoas são puras manifestações de racismo e preconceito!

REFLITA...
REFORMULE...
ATUALIZE...

1. Introdução

1.1 Tecendo novas propostas no ambiente escolar

A presente produção editorial tem como propósito refletir sobre que referenciais poderão direcionar o trabalho escolar cotidiano na construção de uma pedagogia da diversidade, contemplando uma educação antirracista no Ensino Fundamental. Procuro tecer reflexões e compartilhar ideias e possibilidades com a intenção de contribuir com o processo atual de fortalecimento de práticas pedagógicas mais inclusivas, por meio de desenvolvimento de metodologias para o tratamento institucional da diversidade, da pluralidade cultural e do respeito às diferenças.

Como nos aponta Nilma Lino Gomes

> *"[...] nos últimos anos, alguns estudos têm demonstrado que o acesso e a permanência bem-sucedida na escola variam de acordo com a raça/etnia da população. Ao analisar as trajetórias escolares dos(as) negros(as), as pesquisas revelam que estas se apresentam bem mais acidentadas do que as percorridas pelos(as) aluno(as) brancos(as). O índice de reprovação nas instituições públicas também demonstra que há uma estreita relação entre a educação escolar e as desigualdades raciais na sociedade brasileira. O aprofundamento dessas questões aponta para a necessidade de repensar a estrutura, os currículos, os tempos e os espaços escolares. É preciso considerar que a escola brasileira, com sua estrutura rígida, encontra-se inadequada à população negra e pobre deste país. Nesse sentido, não há como negar o quanto o seu caráter é excludente"* (GOMES, 2001, p. 85).

Faz-se necessário à escola reverter esta situação adversa tecendo novas propostas, fazendo frente às situações desumanizantes a que crianças e adolescentes negros estão expostos no ambiente escolar.

Pretende-se, portanto, com esta produção, discutir sobre quais orientações didático- pedagógicas poderão subsidiar o trabalho de inserção do tema étnico-racial no currículo escolar; refletir sobre como, por meio das práticas escolares, pode-se fortalecer a escola pública em relação ao conceito de democratização escolar, incorporando a dimensão racial ao fazer pedagógico diário.

As reflexões apresentadas a seguir poderão contribuir para a construção de uma pedagogia antirracista, atendendo e respeitando as diversidades e peculariedades da população brasileira, ao observar e não hierarquizar o variado repertório cultural dessa população plurirracial, como também por relacioná-lo às práticas educativas existentes.

É imprescindível à educação visualizar as diferenças e articulá-las às práticas pedagógicas como forma de respeito humano e de promoção de igualdade, garantindo a permanência e sucesso escolar dos alunos.

1.2 O Quadro excludente da educação dos afro-brasileiros

O racismo e as práticas discriminatórias vivenciadas pelo segmento populacional negro brasileiro não são apenas heranças de um passado distante, mas vêm sendo reproduzidas e realimentadas ao longo do tempo. Constituiu-se, assim, um instrumento que fortalece as desigualdades observadas na contemporaneidade. Um exemplo disso ocorre na realidade educacional. A partir de dados estatísticos retirados da publicação do Centro de Estudos das Relações de Trabalho e Desigualdades (CEERT), em 2005, intitulada *Políticas de Promoção da Igualdade Racial na Educação*, é possível verificar alguns números da exclusão dos negros na educação:

> *a) a taxa de analfabetismo das pessoas com ou mais anos de idade representa 16,8% de negros contra 7,1% de brancos;*
>
> *b) a taxa de analfabetismo funcional das pessoas com 15 ou mais anos de idade representa 84% de negros contra 32,1% de brancos;*
>
> *c) 75,3% de adultos negros não completaram o Ensino Fundamental contra 57% de brancos;*
>
> *d) 84% de jovens negros de 18 a 23 anos não concluíram cursos de nível médio contra 63% de brancos;*
>
> *e) 3,3% dos jovens negros concluíram curso de nível médio contra 12,9% de brancos; apenas 2% de jovens negros têm acesso à universidade.*

A educação formal sempre esteve presente na agenda de reivindicações e na bandeira de luta do Movimento Negro contra as desigualdades. Na contemporaneidade, momento especial de luta pelos direitos sociais, quebrou-se o silêncio institucional que ocultava o racismo brasileiro. Também por isso, a educação tem merecido atenção especial de estudiosos, pesquisadores e movimentos sociais brasileiros que se debruçam em estudos para apresentar reflexões consistentes, como esta da professora Nilma Lino Gomes (2005):

> *Não há como negar que a educação é um processo amplo e complexo de construção de saberes culturais e sociais que fazem parte do acontecer humano. Porém, não é contraditório que tantos educadores concordem com essa afirmação e, ao mesmo tempo, neguem o papel da escola no trato com diversidade étnico-racial? Como podemos pensar a escola brasileira, principalmente a pública, descolada das relações raciais que fazem parte da construção histórica, cultural e social desse país? E como podemos pensar as relações raciais fora do conjunto das relações sociais? (GOMES, 2005, p.146).*

Paralelamente à colocação anterior, a reflexão de Muniz Sodré (2002), falando sobre cultura, diversidade e educação, apresenta importante posicionamento no sentido de contribuir para os avanços necessários na área educacional:

Uma cultura democrática hoje implica o resgate de uma memória política. Mas é preciso reinventar essa democracia dentro do quadro social da realidade brasileira, que é um quadro de heterogeneidade cultural, de diversidade cultural. Então é preciso que a atitude e o comportamento democrático se estenda organicamente a todo mundo que partilha a vida social (SODRÉ, 2002, p. 21).

É nesta perspectiva explicitada por Sodré que acredito na possibilidade de reversão do quadro, até agora marcadamente excludente da educação dos afro-brasileiros e a estruturação de uma política nacional de educação antirracista. Este propósito tornou-se foco prioritário dos esforços de várias frentes desse grande movimento nacional, especialmente o de mulheres e dos Núcleos de Estudos Afro-Brasileiros (NEABs).

1.3 Um pouco de história: a exclusão do negro na educação

Para dar prosseguimento a este texto, considera-se importante voltar o olhar para o passado, fazer uma breve retomada histórica sobre como a educação tem sido posta para o povo negro. Esta retrospectiva poderá ajudar a compreender melhor como ocorreu o processo de exclusão educacional desse segmento populacional brasileiro.

Identificar os elementos dessa cultura escolar excludente, historicamente construída, a meu ver, contribuirá para que eles sejam ressignificados, reformulados, com o intuito de abrir possibilidades para a renovação pedagógica que se faz necessária. Desvelar os mecanismos que, ao longo do tempo, foram determinantes neste processo poderá levar, segundo Maria Aparecida da Silva (2001, p. 66), a "compreender que a exclusão escolar é o início da exclusão social das crianças negras".

Apesar de ainda não haver uma bibliografia consistente que possa explicitar com precisão a trajetória escolar do negro no Brasil, esta investigação conta com algumas referências básicas que permitirão dar visibilidade a importantes constatações.

Durante o período colonial até a República, a educação popular, como é entendida hoje, não foi uma preocupação para o poder público. A grande maioria dos escravos não frequentou a escola, pois seu tempo era exigido quase que exclusivamente para a atividade produtiva. A Igreja Católica, na época responsável pelos ensinos primário e secundário, possibilitou somente a brancos e ricos receber esta formação, que era a eles oferecida no próprio lar ou diretamente com os Jesuítas nos conventos. Filhos de colonos tinham oportunidades de aprender a ler e escrever, progredindo, assim, no campo educacional, enquanto, segundo Marcus Vinícius Fonseca (2001), a escolarização de negros e índios "realizava-se apenas entre as brechas do sistema colonial e como forma de resistência e contestação. Legalmente, no Brasil vigorava a determinação de se negar acesso à leitura e escrita aos escravos. Mesmo que os senhores se propusessem a arcar com os custos, a educação, com as características escolares, era negada aos escravos" (FONSECA, 2001, p. 29).

A legislação educacional brasileira impediu o negro de ter acesso à educação. Mesmo com a Reforma Couto Ferraz (1854), que regulamentou o ensino primário e secundário, ao implementar o ensino público oficial, a inserção da população negra no processo educacional brasileiro foi insignificante.

Portanto, legalmente, a exclusão escolar da população negra brasileira foi oficializada, pois o Decreto nº. 1.331, de 17 de fevereiro de 1854, estabelecia que nas escolas públicas do país não seriam admitidos escravos, e a previsão de instrução para adultos negros dependia da disponibilidade de professores.

O Decreto nº. 7.031-A, de 6 de setembro de 1878, por sua vez, estabelecia que os negros só poderiam estudar no período noturno. A escola noturna era aberta apenas para a clientela adulta, maior de 14 anos e essencialmente masculina. Uma lei complementar de 5 de dezembro de 1824 proíbe o leproso e o negro de frequentar escola pública.

A exclusão prossegue, pois, mesmo após a Abolição da Escravatura, tendo a população negra que enfrentar um quadro perverso de discriminação e preconceito, o acesso e a permanência na escola revestiu-se de grandes entraves para este grupo populacional.

De acordo com alguns autores, a educação foi um dos elementos que se levou em conta durante o processo de abolição do trabalho escravo. Era necessário que se formassem quadros de trabalhadores necessários à sociedade livre. Pode-se dizer que houve uma preocupação do poder público com a importância da educação como elemento de inclusão social. Mas tal inclusão, para os ex-escravos e seus descendentes, realizou-se de forma absolutamente marginal, pois constituiu uma dualidade do ensino, representando as desigualdades entre dois grupos sociais. Havia uma escola para atender à sociedade da época com suas necessidades e outra para os trabalhadores. Em outros termos: escolas diferentes para públicos específicos nos quais uns têm acesso à riqueza material e os outros não.

Outro fator preponderante para se entender a situação de marginalização do negro na sociedade brasileira e, consequentemente, os seus reflexos na educação passa pelo entendimento da visão de mundo eurocêntrica, tendo como base o determinismo positivista do século XIX. Este, incorporado pelos intelectuais brasileiros e ancorado em teorias "científicas" racistas emergentes naquele momento histórico, apontava para a proliferação e reforço de estereótipos sobre o segmento negro que compunha parcela significativa da população do país.

> *Como acontece geralmente na maioria dos países colonizados, a elite brasileira do fim do século XIX e início do século XX foi buscar seus quadros desse pensamento na ciência europeia ocidental, tida como desenvolvida, para poder, não apenas teorizar e explicar a situação racial do país, mas também, e sobretudo, propor caminhos para a construção de sua nacionalidade tida como problemática por causa da diversidade racial* (MUNANGA, 1999, p. 50).

Hierarquizou-se a participação dos segmentos constitutivos da população brasileira, cabendo ao branco, nesta ideologia de supremacia racial, o protagonismo do progresso e da evolução da nação, e ao negro a posição de incapaz de pensar e de interagir socialmente nesse processo. Incorporou-se, portanto, em nosso país, a concepção evolucionista da hierarquização das raças e reforçou-se o ideal de branqueamento. Este, aceito amplamente pelo Estado brasileiro e pelos intelectuais, políticos e parlamentares. O branqueamento da nação brasileira era considerado, aos olhos da elite, como necessário para a construção da nação brasileira de forma mais positiva, isto é, uma nação branca, portanto civilizada e progressista com uma população superior física e culturalmente.

"Identificar os elementos dessa cultura escolar excludente, historicamente construída, a meu ver, contribuirá para que eles sejam ressignificados, reformulados, com o intuito de abrir possibilidades para a renovação pedagógica que se faz necessária."

"Durante o período colonial até a República, a educação popular, como é entendida hoje, não foi uma preocupação para o poder público."

Portanto, esta postura racista de construção da nacionalidade assumida pela sociedade brasileira determinou o lugar do negro nesta sociedade, contribuindo efetivamente para o agravamento de seu estado de marginalização progressiva, não só como indivíduo, mas como camada social. Sob essa perspectiva, a população negra foi impedida de viver sua cidadania em função do racismo, da discriminação e dos preconceitos que a atingiram em todos os setores sociais. De acordo com Kabengele Munanga (1999), "elaborações especulativas e ideológicas vestidas de cientificismo dos intelectuais dessa época ajudariam hoje, se bem reinterpretadas, a compreender as dificuldades que os negros e seus descendentes mestiços encontram para construir uma identidade coletiva, politicamente mobilizadora" (MUNANGA, 1999, p. 51).

A afirmativa de Munanga alerta para o fato de que a educação, como instituição historicamente situada, desempenhou um papel importante. O Estado assumiu a responsabilidade do ensino, que passa a ser obrigatório e gratuito conferindo um caráter nacionalista ao campo educacional. A escola, portanto, passou a desempenhar um papel central na constituição da identidade nacional e na sua reprodução. A instituição escolar refletiu, em sua estrutura organizacional pedagógica e administrativa, esta realidade, espalhando práticas discriminatórias e racistas do espaço social.

No intuito de se efetivar a implementação de um sistema educacional de educação, procurando ultrapassar os limites da antiga tradição pedagógica jesuítica, criou-se um currículo centrado na criança, mas às vistas do pensamento positivista. Considero pertinente ressaltar que o currículo é fruto de uma opção teórica e política. Reflete, portanto, os ditames do momento histórico vivido, suas ideologias e conhecimentos repassados nas instituições escolares de determinada época. Resta, assim, a constatação de que a escola, nessa perspectiva, não era um espaço para o negro.

Conclui-se, portanto, que a implantação de escolas imputando a educação como direito social foi tida como um privilégio de brancos e negada aos negros até o limiar do século XIX e o início do século XX. As relações desiguais presentes na sociedade brasileira ocupam todos os espaços, principalmente o escolar. Censos de 1940 e 1950 da Pesquisa Nacional por Amostra de Domicílios (PNAD) mostraram profundas desigualdades nesse campo. Ao refletir o ideário nacionalista de construção de um país branco, ocidental e cristão, o sistema educacional brasileiro, em processo de construção no início do século XX, teve como uma de suas premissas o silenciamento das tradições culturais africanas. O processo educativo, uma vez mais, exerceu um papel fundamental na consolidação do eurocentrismo no Brasil.

O saber dominante, reproduzido pela historiografia oficial, ignorou, colocou na obscuridade a história negra e a trajetória histórica de luta por cidadania. A cultura negra e seus elementos não entraram, portanto, no ambiente escolar por meio dos currículos. Além disso, o mito da democracia racial, presente na sociedade brasileira, procurou escamotear as diferenças propagando o estabelecimento de relações supostamente harmônicas entre brancos e negros. Este mito foi também absorvido pelas instituições escolares.

Durante muitas décadas, esta situação permaneceu estável, atávica, encoberta pelo mito da democracia racial. As crianças, os jovens e as jovens negras não encontraram, na escola, ambiente acolhedor que lhes garantisse aprendizado prazeroso e permanência sem que essa tensão fosse explicitada. Algumas práticas pedagógicas e até silêncios fizeram da escola uma reprodutora do racismo. Sobre este tema, pesquisas acadêmicas como a de Eliane Cavalleiro[1] (2000), ou de Raquel de Oliveira[2] (1992), entre outras pesquisas, têm evidenciado esses aspectos do cotidiano escolar.

A educação formal esteve sempre colocada como ponto de destaque na agenda de luta dos movimentos sociais negros. Essa luta pelo acesso à educação, empreendeu-se ao longo do século XX, por meio de estratégias variadas. A imprensa negra, canal importante de expressão do grupo negro, o Teatro Experimental do Negro – TEN e o Partido da Frente Negra Brasileira (apesar de seu pouco tempo de vida) foram protagonistas desta luta. Parte dessa reivindicação já constava na declaração final do I Congresso Negro Brasileiro, que foi promovido pelo TEN, no Rio de Janeiro, em 26 de agosto e 4 de setembro de 1950, portanto, há mais de meio século. Nesse congresso recomendou-se, entre outros pontos "o estímulo ao estudo das reminiscências africanas no país bem como dos meios de remoção das dificuldades dos brasileiros de cor e a formação de Institutos de Pesquisas, públicos e particulares, com esse objetivo" (SANTOS, 2005, p.23).

"... Algumas práticas pedagógicas e até silêncios fizeram da escola uma reprodutora do racismo."

Respaldados pela Constituição de 1988, reivindicações e denúncias apresentadas por inúmeros movimentos sociais, setores progressistas da sociedade e, em especial, por pesquisadores estudiosos da questão racial ligados aos movimentos negros, começaram a ser ouvidas e esta história passou a tomar um novo rumo. Conforme registros de Hédio Silva Junior,

> "o tema da educação pluriétnica ou da educação para a igualdade racial mereceu relevo especial na Constituição de 5 de outubro de 1988. [...] o texto constitucional estabeleceu – ao menos formalmente – uma revolucionária configuração para a escola, no sentido não apenas de assegurar igualdade de condições para o acesso e permanência dos vários grupos étnicos, mas também em termos de redefinir o tratamento dispensado pelo ensino à pluralidade racial que caracteriza a sociedade brasileira" (JÚNIOR, 2003, p. 20).

"... o mito da democracia racial, presente na sociedade brasileira, procurou escamotear as diferenças propagando o estabelecimento de relações supostamente harmônicas entre brancos e negros. Este mito foi também absorvido pelas instituições escolares..."

O Art. 210, da chamada "Constituição Cidadã", preconiza: "Deve-se promover o respeito devido pela educação aos valores culturais". Também o Art. 227 atribui ao Estado o dever de "colocar a criança a salvo de toda forma de discriminação". O Art. 242, d 1°, estabelece que "o ensino da História do Brasil levará em conta as contribuições das diferentes culturas e etnias para a formação do povo brasileiro" (BRASIL, 2000, p. 131).

A Lei de Diretrizes e Bases da Educação (LDB)[3] também propiciou novas visões, principalmente no que diz respeito à pluralidade cultural, quando no Art. 26, d 4°, aponta que "o ensino da História do Brasil levará em conta as contribuições das diferentes culturas e etnias para a formação do povo brasileiro, especialmente das matrizes indígena, africana e europeia" (BRASIL, 1997, 15).

No limiar da década de 1980 e início da de 1990, trabalhos relevantes foram divulgados sobre a educação e as relações raciais. Vários acadêmicos e pesquisadores negros brasileiros, por meio de seus trabalhos, denunciaram e apontaram caminhos para a reversão do racismo escolar.

---

[1] Na sua dissertação de mestrado intitulada "O Silêncio do lar ao silêncio escolar: racismo, preconceito e discriminação infantil".

[2] Na sua dissertação de mestrado, intitulada "Relações raciais na escola: uma experiência de intervenção."

[3] Lei 9.394 ,de 20 de dezembro de 1996.

Os Parâmetros Curriculares Nacionais também sinalizaram algumas possibilidades por meio dos temas transversais. Foram instauradas maiores reflexões sobre o trato pedagógico das diferenças e da visualização positiva do povo negro no espaço escolar. Contudo o discurso e as reflexões ainda não incidiam objetivamente na prática pedagógica cotidiana. Nos tempos atuais, o povo deseja e reivindica que os direitos sociais e a democracia saiam do discurso e se efetivem por políticas públicas que atendam ao modelo de sociedade almejada. Muitos estudiosos, especialmente do movimento social negro, têm produzido estudos consistentes e apresentado propostas no sentido de se construírem políticas educacionais mais inclusivas, em que não só a expansão da oferta de vagas seja a meta a ser alcançada. Deseja-se que o fortalecimento da educação como instrumento de promoção social e de cidadania, garantindo a permanência e o sucesso escolar para todos os alunos, em especial ao grupo negro historicamente discriminado, seja um compromisso efetivo das autoridades políticas e educacionais.

O compromisso anunciado pelo Brasil quanto às questões raciais, em Durban, na África do Sul, quando da realização da III Conferência Internacional contra o Racismo, Xenofobia e outras Intolerâncias Correlatas (2001), reforçou propostas de ações afirmativas na educação nacional. Depois de admitir essas responsabilidades históricas, o país comprometeu-se a contribuir e a elaborar um plano de ação para operacionalizar as resoluções de Durban, especialmente aquelas voltadas para a Educação. São elas:

> *"– Igual acesso à educação para todos na lei e na prática.*
>
> *– Adoção e implementação de leis que proíbam a discriminação baseada em raça, cor, descendência, origem nacional ou étnica em todos os níveis de educação, tanto formal quanto informal.*
>
> *– Medidas necessárias para eliminar os obstáculos que limitam o acesso de crianças à educação.*
>
> *– Recursos para eliminar, onde existam, desigualdades nos rendimentos educacionais para jovens e crianças.*
>
> *– Apoio aos esforços que assegurem ambiente escolar seguro, livre da violência e de assédio motivados por racismo, discriminação racial, xenofobia e intolerância correlata.*
>
> *– Estabelecimento de programas de assistência financeira desenhados para capacitar todos os estudantes, independentemente de raça, cor, descendência, origem étnica ou nacional a frequentarem instituições educacionais de ensino superior."*
> (Ministério da Educação/Secretaria da Educação Continuada, Alfabetização e Diversidade. Orientações e Ações para a Educação das Relações Étnico Raciais. Brasília: SECAD, 2006 p. 18)

Em reconhecimento pelas importantes lutas empreendidas pelos movimentos negros, no ano de 2003 é sancionada a Lei n° 10.639, em 9 de janeiro deste ano, alterando a Lei que estabelece as Diretrizes e Bases da Educação Nacional, já mencionada anteriormente. A Lei n° 9.394/96 passa, portanto, a vigorar acrescida dos seguintes artigos:

"[...] Art. 3º & 4º - O ensino da História do Brasil levará em conta as contribuições das diferentes culturas e etnias para a formação do povo brasileiro, especialmente das matrizes indígenas, africana e europeia.

Art. 26A - Nos estabelecimentos de Ensino Fundamental e Médio, oficiais e particulares, torna-se obrigatório o ensino sobre a História e cultura Afro-Brasileira.

§ 1º - O conteúdo programático a que se refere o caput deste artigo incluirá o estudo da História da África e dos africanos, a luta dos negros no Brasil, a cultura negra brasileira e o negro na formação da sociedade nacional, resgatando a contribuição do povo negro nas áreas social, econômica e política pertinentes à História do Brasil.

§ 2º - Os conteúdos referentes à História e cultura Afro-Brasileiras serão ministrados no âmbito de todo o currículo escolar, em especial nas áreas de Educação Artística e de Literatura e História Brasileiras.

Art. 79B - O calendário escolar incluirá o dia 20 de novembro como "Dia Nacional da Consciência Negra"._

"...a escola, sua organização, sua cultura, suas práticas e rituais pedagógicos, seus processos de ensino/aprendizagem e de avaliação deverão sofrer atualizações essenciais..."

Paralelamente às resoluções de Durban, a Lei nº 10.639 que institui a obrigatoriedade do ensino da História da África e dos africanos no Currículo do Ensino Fundamental e Médio, bem como as Diretrizes Curriculares Nacionais para a Educação de Relações Étnico-raciais e para o ensino de História e Cultura Afro-brasileira e Africana, contribuirão significativamente para um avanço da tentativa de reverter o quadro excludente da educação dos negros no Brasil.

Para que se efetive esta reversão, a escola, sua organização, sua cultura, suas práticas e rituais pedagógicos, seus processos de ensino/aprendizagem e de avaliação deverão sofrer atualizações essenciais. Todavia, que mudanças poderão ser realizadas? Existe um caminho possível a ser trilhado?

21

2ª Parte
Dimensão Étnico-Racial e a Prática Pedagógica

2. A construção de novos referenciais

"Vá em busca de seu povo.
Ame-o.
Aprenda com ele.
Comece com aquilo
que ele sabe.
Construa sobre
aquilo que ele tem."
(Kwame N'krumah)

A epígrafe acima, do teólogo, filósofo e político de Gana, Kwame N´Krumah, reflete a síntese de um caminho possível para que a educação brasileira se comprometa a fazer, em sua busca de eficiência, equidade e qualidade. A inserção dos elementos das culturas africanas e afro-brasileiras como conteúdo curricular obrigatório, por meio da Lei nº 10.639, é importante, pois apontarão para a emergência de novas alternativas didático-pedagógicas. Merece destaque a alteração trazida por esta Lei, ampliando o Art. 26A da Lei nº 9.394/1996, pois "provoca bem mais do que inclusão de novos conteúdos, exige que se repensem relações étnico-raciais, sociais, pedagógicas, procedimentos de ensino, condições oferecidas para a aprendizagem, objetivos tácitos e explícitos da educação oferecida pelas escolas" (Secretaria de Políticas de Promoção da Igualdade Racial, 2004, p.17).

Torna-se necessária, portanto, a consolidação de políticas educacionais que visam a fortalecer a educação como instrumento de promoção social, de cidadania e valorização da diversidade étnico-racial brasileira. A implantação deste novo paradigma educacional de valorização da diversidade, garantindo respeito às diferenças e visualização positiva da cultura afro-brasileira, é um imperativo da educação antirracista que se deseja construir.

Tal propósito requer a construção de um paradigma educacional com novas práticas e rituais pedagógicos que rompam com o silêncio sobre a questão racial, que combatam o eurocentrismo do currículo, que levem em consideração as experiências socioculturais dos estudantes como alavanca no processo de ensino/aprendizagem.

Nesse processo de se estabelecer uma nova lógica educacional em que a dimensão étnico-racial seja também um dos componentes do currículo escolar, vêm à tona, para muitos profissionais de educação, os seguintes questionamentos:

Afinal, o que vamos ensinar?

a) Quais eixos poderão nortear o trabalho pedagógico diário no ambiente escolar?

b) Que referenciais pedagógicos deverão ser identificados?

c) Que processos pedagógicos desenvolver?

d) Que habilidades e capacidades deverão ser desenvolvidas?

e) Que conteúdos e disciplinas priorizar?

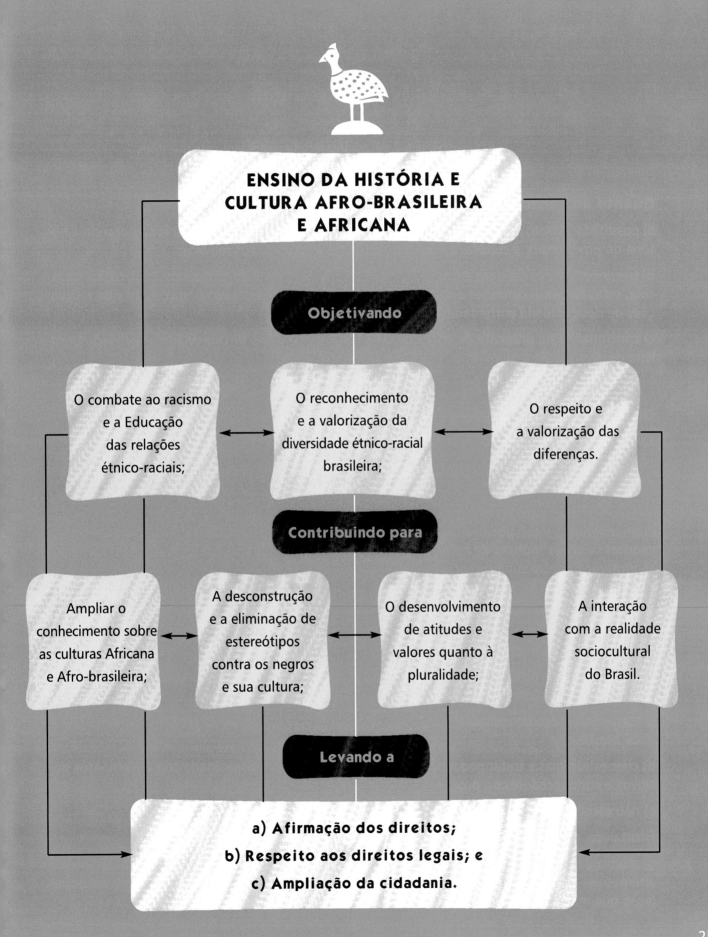

2.1. Identificando referenciais

Nesta perspectiva é necessário refletir sobre algumas questões:

Quanto ao currículo, deve-se:

a) possibilitar o trato da questão racial como conteúdo inter e transdisciplinar incorporando a história do povo negro, a cultura, a situação do marginalizado e seus reflexos;

b) traçar constantes diálogos entre o tema étnico-racial e os demais conteúdos trabalhados na escola, estabelecendo conexões entre a vida diária dos estudantes, suas condições de vida e situações de desigualdade enfrentadas na sociedade;

c) concretizar uma proposta de currículo não eurocêntrico, mas sim vinculado à realidade brasileira de diversidade e pluralismo.

Quanto às relações escolares, é preciso:

a) valorizar respeitosamente as relações escolares cotidianas favorecendo o diálogo, envolvendo pais, associações de bairro, instituições religiosas, grupos sociais negros e grupos culturais;

b) estabelecer canais de comunicação constante, troca de experiências e partilha na responsabilidade de construção da comunidade escolar;

c) priorizar uma visão positiva da diversidade étnico-racial, construindo entre os alunos e educadores relações mútuas de respeito nas quais o diálogo seja um dos instrumentos de inclusão/interação entre sujeitos socioculturais.

Escola, deve-se:

a) investir na construção de uma pedagogia antirracista;

b) consolidar uma cultura escolar cotidiana de reconhecimento e respeito às diversidades, às peculiaridades e ao repertório cultural do povo negro, sem hierarquizá-los;

c) tornar-se espaço de inclusão e de disseminação da consciência do racismo presente na sociedade brasileira;

d) criar estratégias e tratar pedagogicamente as diferenças e a diversidade como elementos positivos e enriquecedores do processo educativo;

e) não escolher a homogeneidade como padrão;

f) fortalecer sua função social, tornando-se bem público de qualidade para todos;

g) promover entre seus profissionais reconhecimento da necessidade de se construir coletivamente alternativas pedagógicas, atendendo de forma eficiente e positiva o segmento negro da população que majoritariamente frequenta a escola pública.

Quanto ao professor:

a) assumir a dimensão de pesquisadores de sua própria prática e de sua ação educativa quanto à temática racial, preparando-se ética e pedagogicamente neste sentido;

b) ampliar a consciência sobre a importância do reflexo de seu trabalho quanto à temática na vida da comunidade em que atua;

c) vencer o desafio de aceitar mudanças de postura e de se colocarem como aprendizes, estando abertos a completarem a formação acadêmica recebida sobre o tema;

d) expressar, por meio de sua prática pedagógica cotidiana, o reconhecimento e a compreensão do importante papel social e político que a instituição escolar vem assumindo na atualidade.

Quanto aos recursos materiais didáticos e rituais pedagógicos:

a) disponibilizar recursos materiais didáticos variados em quantidade e qualidade contemplando professores e alunos;

b) expressar esteticamente nas produções escolares o retrato da pluralidade étnico-cultural da sociedade brasileira, representando positivamente os estudantes negros e negras, suas famílias e sua cultura;

c) repensar os rituais pedagógicos cotidianos e/ou as efemérides da rotina escolar para que não se transformem em momentos de constrangimento e manifestações de discriminação e racismo;

d) analisar e fazer leitura crítica dos materiais didáticos, paradidáticos das produções escolares quanto à existência de preconceitos e/ou estereótipos de inferiorização do povo negro.

3. Interdisciplinaridade, integração de saberes, articulação das disciplinas

O trabalho pedagógico com a temática racial pelo ensino da História e da Cultura Afro-Brasileira e Africana, bem como a educação para as relações étnico-raciais, está intimamente ligado à educação para a cidadania.

A implantação do novo paradigma educacional de valorização da diversidade com garantia do direito à diferença requer da escola atenção especial aos pressupostos anteriormente delineados; e ainda, reconhecer que "pensar a articulação entre Educação, cidadania e raça, é mais do que uma mudança conceitual ou um tratamento teórico. É uma postura política e pedagógica" (GOMES, 2001, p. 90), como nos explicita Nilma Lino Gomes. Contribuir para a construção de uma educação que seja geradora de cidadania obriga a escola a rever seus valores e padrões, posicionando-se política e pedagogicamente a favor deste cidadão que pretende formar.

Portanto, trabalhar pedagogicamente a História e Cultura da África e dos Afro-brasileiros não significa abandonar as disciplinas escolares ou apenas aglutinar a elas a temática, mas sim ressignificar os conteúdos escolares, contextualizando-os, relacionando-os com a realidade brasileira. Significa reconhecer o currículo como um campo de produção de significados construídos tanto por meio dos conteúdos trabalhados, como pelas experiências culturais articuladas com a realidade social das crianças e adolescentes. Pensar a construção da proposta pedagógica escolar nesta perspectiva contemplará a formação de sujeitos históricos, capazes de atuarem criticamente na realidade que os cerca, enfrentando novos desafios sociais, bem como aprendendo a conviver e atuar no mundo.

O trato pedagógico da diversidade não é uma tarefa fácil e enfrentar o desafio de implementar políticas públicas e práticas pedagógicas, neste sentido, reveste-se, então, de uma complexidade maior ainda. Se a educação possibilita, via currículo escolar, as representações de todas as etnias que compõem este país sem hierarquizá-las, estabelecendo um propósito de respeito às diferenças, estará empreendendo uma luta por uma sociedade democrática, colocando-se politicamente a favor da ampliação do conceito de democracia.

Inovações teórico-metodológicas necessárias para se construírem e constituírem mudanças de lógicas e de valores dentro do Sistema Educacional Brasileiro deverão ter como base princípios "fundantes" e concepções filosóficas mais éticas. Estas, inerentes ao projeto educativo, apontarão para novas possibilidades e dimensões sobre o ensinar e o aprender, por meio das quais o estudante seja respeitado em suas singularidades.

Transformações fundamentais deverão ser empreendidas na educação no sentido de contribuir para a melhoria de sistemas educacionais. Estas transformações deverão ter um caráter universal, incidindo sobre o âmbito da educação formal e seus sujeitos, mas também incorporar uma dimensão singular para contemplar democraticamente a todos. É preciso alinhavar a elas reflexões conscientes sobre a incorporação do uso pedagógico da diversidade, orientando e apoiando o desenvolvimento da Educação das relações étnico-raciais.

Redimensionar a prática pedagógica nesta perspectiva de inclusão exige a construção de uma proposta de currículo vinculado à realidade brasileira de diversidade étnica e cultural.

Pensar o processo educacional rompendo com a homogeneidade que a escola tem escolhido para seu funcionamento e suas práticas, e tratar pedagogicamente as diferenças como elementos positivos e enriquecedores do processo educativo, é um grande desafio a ser vencido.

É necessário, então, abrir-se para a discussão e fazer chegar à sala de aula orientações teóricas que fundamentam a identificação de outros referenciais que favoreçam práticas curriculares voltadas para a formação de habilidades, aprendizado de conceitos e para o desencadeamento de atitudes, saberes e interações, estimulando a superação de preconceitos e o fortalecimento da solidariedade.

Diante disso, pergunta-se: que conteúdos disciplinares selecionar para o Ensino Fundamental que poderão contribuir para o desenvolvimento destas capacidades?

É importante considerar que, para esta proposta educacional desejada, não existe um "receituário" a ser seguido, mas deverá ser objeto de construção coletiva. Neste sentido, foi possível elencar algumas competências e habilidades que, acredito, devam ser trabalhadas no Ensino Fundamental, e que acopladas a outras, identificadas pelos professores em seu fazer pedagógico diário, contribuirão efetivamente para a construção da "Pedagogia da Diversidade".

Quando se pensa a formação global dos educandos, ao fazer a seleção dos conteúdos que contemplam a diversidade étnico-racial, os educadores deverão atentar-se para o desenvolvimento, de forma geral, das habilidades, atitudes e capacidades que levam os estudantes a:

PEDAGOGIA DA DIVERSIDADE
EDUCAÇÃO DAS RELAÇÕES ÉTNICO-RACIAIS

Atitudes

Habilidades **Capacidades**

Valorizar a diversidade (cultural, étnica, artística, estética, social...) como possibilidade de socialização de saberes e visões de mundo, construindo conhecimentos capazes de promover convivência saudável e práticas sociais contrárias a todas as formas de preconceitos, racismos e discriminações.

Reconhecer, respeitar e valorizar a diversidade histórica, étnica e cultural brasileira como um processo de construção coletiva, fruto de um conjunto de múltiplas memórias e experiências humanas, compreendendo os obstáculos e intenções positivas nesta construção.

Compreender a relação presente, passado e futuro, analisando e refletindo, numa perspectiva histórica, as relações sociais cotidianas, identificando as semelhanças e diferenças, como também os traços de mudanças e permanências, estabelecendo inter-relações do local com o nacional e o mundial.

Perceber-se como sujeito social, construtor da História pertencente a um grupo social determinado e também participante de uma realidade mais ampla, reconhecendo e respeitando os direitos legais dos indivíduos como cidadãos, bem como seus processos de construção de identidade pessoal, social e cultural.

• **Reconhecimento do negro como sujeito da história, identificando, valorizando e respeitando seus processos históricos de resistência.**

• **Lidar com as relações produzidas pelo racismo, identificando e reposicionando-se quanto a posturas contrárias de respeito aos direitos humanos.**

Para ser coerente com a proposta, a seleção e organização de conteúdos, é importante também atentar-se para:

a) não escolher uma concepção fragmentada por etapas e transmissiva de conteúdos escolares;

b) nesta proposta terão prioridade os processos e a dinâmica, bem como o diálogo entre a realidade dos alunos, os saberes científicos e a cultura;

c) atentar-se não para a quantidade de conteúdos a serem acumulados, mas principalmente para os níveis de abrangência e de abordagem destes conteúdos em cada nível/etapa de ensino, de acordo com as possibilidades e necessidades destes estudantes;

d) ressignificar as disciplinas acadêmicas. Estas não terão um fim em si mesmas, mas serão instrumentos para modificação, reelaboração e elaboração de novas formas de pensamento antirracista e convivência harmônica e respeitosa em sociedade;

e) a realidade mais próxima, o cotidiano, as vivências dos estudantes serão o ponto de partida na construção do conhecimento para posteriormente ampliar as análises, abrindo para outros enfoques e outras informações.

A incorporação do tema étnico-racial como objeto de conhecimento no ambiente escolar, promovendo a educação das relações étnico-raciais, prescinde um repensar das disciplinas escolares e seus conteúdos, como também os processos que as desencadeiam.

Tais conteúdos deverão ser instrumentos auxiliares para que os estudantes compreendam a realidade social e enriqueçam suas experiências cotidianas num constante processo de troca e reelaboração. Neste caso específico, o que se deseja é que a temática racial seja inserida em todas as disciplinas escolares de maneira contextualizada, coerente e significativa, preenchendo os "vazios" deixados quanto aos conteúdos relativos à cultura Africana. Não vale a fragmentação, mas deseja-se a interdisciplinaridade, integração de saberes, a articulação das disciplinas.

É possível elencar algumas habilidades e competências que poderão ser desenvolvidas particularmente em cada disciplina. Estas poderão orientar os educadores na seleção dos conteúdos. Reitera-se que estas devam ser vistas apenas como sugestões de referenciais para a organização da prática pedagógica. Observe a seguir, dentro de cada disciplina escolar, estas sugestões.

"Além de Picasso, artistas como Braque, Vlaminck, Deraim e outros também 'descobriram' e se inspiraram na arte negro-africana.

Assim a Arte Moderna, que revolucionou a história das artes em todo o mundo ocidental, tomou como modelo os valores, as formas plenas de significação e a criatividade africanas.

(*Arte e a Diversidade* – Maria José Lopes)

3.1. Artes

Espera-se que os estudantes possam avançar na sua capacidade de:

a) compreender e relacionar a arte como fato histórico, contextualizado nas diversas culturas, respeitando e analisando as produções regionais, nacionais e mundiais, identificando a existência de concepções artísticas e estéticas de diferentes grupos culturais, como também os valores que os orientam;

b) valorizar as diferentes formas de manifestações artísticas dos povos e culturas como referenciais para a compreensão e valorização das diversidades, bem como reconhecer e saber criticar manifestações artísticas que ferem a ética humana e o espírito democrático, impedindo a aceitação da diversidade cultural, social e étnica;

c) compreender a arte como cultura, identificando e reconhecendo as concepções estéticas africanas como referenciais que poderão auxiliar na construção de novas percepções sobre nós mesmos e sobre a real identidade brasileira, que é plural.

3.1.1. Temas prioritários

Sugerimos os seguintes:

a) *África como matriz legítima da cultura humana em geral e da brasileira em particular;*

b) *Negro como produtor de conhecimento na área artística;*

c) *Concepções estéticas baseadas na herança africana presentes na realidade cotidiana da comunidade escolar;*

d) *Diferentes saberes e cosmovisões em relação às diferentes manifestações artísticas e culturais diversas;*

e) *As diversas formas de arte e concepções estéticas simbólicas da cultura brasileira que têm como matriz as tradições africanas (dança, música, teatro e artes visuais);*

f) *Diferentes manifestações musicais de matriz africana presentes no repertório musical brasileiro e mundial;*

g) Estudos das diversas formas de manifestações artísticas africanas como forma de compreender a cosmovisão dos povos africanos e as conexões entre essas e as manifestações brasileiras.

3.1.2. Tópicos de conteúdos

Destacamos os abaixo:

a) Patrimônio cultural e artístico africano e afro-brasileiro vivenciando experiências de reconhecimento e valorização e respeito a essas manifestações;

b) Concepções estéticas da cultura Africana e Afro-Brasileira para desconstrução de estereótipos e preconceitos, legitimando os valores culturais negros;

c) Análise crítica de estereótipos de representação étnico-racial ainda presentes nas artes (no cinema, na televisão, livros, revistas e na mídia em geral);

d) A arte africana como expressão do sagrado, bem como seu valor utilitário e estético;

e) Manifestações artísticas de matriz africana como forma de fortalecimento da identidade, como fator de sociabilidade, integração e expressão de sentimentos;

f) História das manifestações artísticas africanas e afro-brasileiras: a música, a dança, o teatro e as artes visuais;

g) Possibilidades de valorização e reconhecimento das potencialidades do corpo em sua dimensão mística, ancestrálica e estética e como espaço de criação e recriação, tradições e resistência;

h) Personalidades negras que sobressaem na atualidade nas artes;

i) Personalidades afro-brasileiras que produzem, em especial, arte de matriz africana.

3.1.3. Atividades

As atividades abaixo poderão ser desenvolvidas:

a) pesquisar as diferentes danças conhecidas e/ou dançadas na comunidade escolar, observando, registrando, comparando e analisando criticamente os dados para produzir textos, ilustrações, gráficos e painéis;

b) pesquisa, análise, registro e representação dos vários tipos de performance negro-africanas e das manifestações culturais locais e regionais, como: por exemplo, os reisados, os congados, o maracatu, congo, jongo, tambor de crioula, carimbó, lundu e outras;

c) apreciar, pesquisar, analisar e debater sobre as formas de danças étnicas e culturais tendo como protagonistas os grupos culturais juvenis;

d) estudar, pesquisar a origem, comparar, registrar informações e promover debates sobre as linguagens artísticas expressas pelos elementos do movimento cultural *hip-hop* (*break* – grafite – *rap*).

e) pesquisar, conhecer, apreciar e produzir registros para a confecção de painéis sobre as várias formas de resistência político-cultural de expressão da cultura e religiosidade de matriz africana, como, por exemplo, o candomblé, o congado, a festa do Rosário, de São Benedito e de outros;

f) promover exposição de trabalhos dos estudantes (aberta à comunidade) confeccionados a partir de releituras de artistas que têm como inspiração a temática étnico-racial;

g) conhecer e apreciar obras de grandes artistas plásticos, reconhecidos mundialmente que têm como inspiração a arte de matriz africana na produção de suas obras (Picasso, Modigliani, etc.);

h) oficinas temáticas e estéticas para conhecimento e valorização de máscaras, penteados, indumentárias, adornos e suas simbologias na cultura africana;

i) estudos sobre influências africanas na música popular brasileira e na *world music*;

j) trabalhos com os sons: do próprio corpo, do espaço, da natureza, de instrumentos musicais de origem africana (que poderão ser construídos pelos estudantes);

k) pesquisa sobre os instrumentos musicais de origem africana que são amplamente utilizados na música brasileira;

l) pesquisar sobre a origem e história do samba, do chorinho, do *blues* e outros ritmos de matriz africana presentes no repertório musical brasileiro;

m) pesquisar, selecionar e representar, por meio de representações teatrais, teatro de sombras, marionetes e fantoches de mitos africanos;

n) pesquisar sobre associações e grupos teatrais negros que surgiram no Brasil a partir do TEM, com Abdias do Nascimento, aos grupos da atualidade;

o) a arquitetura egípcia;

p) a habitação africana;

q) o papel da pintura corporal e da tatuagem para os povos africanos.

3.1.4. Leituras

Propomos as seguintes:

a) *Memória Afro-brasileira* – Artes do Corpo. Vagner Gonçalves da Silva (Org.). São Paulo: Selo Negro, 2004;

b) Mãos negras – *Antropologia da arte negra*. Celso Prudente. São Paulo: Panorama, 2002;

> "[...] Cabe aos professores de arte, então, uma cuidadosa reflexão sobre a forma de estabelecer a ponte entre a cultura do educando e autodenominada 'Universal' (a cultura Ocidental imposta). O aluno já vem para a escola com um potencial criativo; a escola não precisa induzi-lo, sua função é trabalhá-lo."
>
> (Maria José Lopes da Silva)

c) *As artes e a diversidade étnico-cultural na Escola Básica.* Maria José Lopes Silva. *In: Os Negros, os Conteúdos Escolares e a Diversidade Cultural II.* Santa Catarina: Atilénde Editora, 2002. (Série Pensamento em Educação);

d) *A mão afro-brasileira* – Significado da contribuição artística e histórica do negro – *Cem anos de Abolição.* (Org.), Manuel Araújo, 1988;

e) *Afrografias da Memória.* Leda Maria Martins. Belo Horizonte: Mazza Edições, 1995;

f) *Festas e danças populares.* Gustavo Cortes. Belo Horizonte: Leitura, 2000;

g) *A cena em sombras.* Leda Maria Martins. São Paulo: Perspectiva, 1995.

3.1.5. Curiosidades

Saiba que:

a) as máscaras africanas são representações artísticas de espíritos auxiliares da natureza, seres mediadores nas relações do homem com o além, dos antepassados com os tipos humanos;

b) Picasso, influenciado pelas esculturas e máscaras africanas, expôs, em 1907, o quadro *Les Demoiselles d'Avignon*, recorrendo à composição das formas geométricas e à deformação plástica, principalmente do rosto das figuras, lançando assim o Cubismo nas Artes Plásticas;

c) em 2003, o Centro Cultural Banco do Brasil (CCBB), no Rio de Janeiro, apresentou a Exposição "Arte na África". A mostra trouxe mais de 300 peças da coleção africana do Museu Etmológico de Berlim.

3.1.6. Biografias

Dentre outras, destacamos:

a) **Raquel Trindade**: natural do Recife, nascida em 1936, filha de Solano Trindade, é pintora primitivista e dedica-se à valorização das *performances* no campo das danças populares brasileiras, como também as palestras sobre temas folclóricos, culturais e religiosos de origem negro-africanas na área da Educação. Fundou teatros populares e grupos de arte popular. Continua pintando e produzindo em seu ateliê na cidade de São Paulo;

b) **Jorge dos Anjos**: natural de Ouro preto, 49 anos de idade. Sua obra reflete o repertório da tradição negro-africana. Possui painéis e esculturas importantes em praças e prédios de Belo Horizonte e de várias outras capitais. Trabalha em suas obras o ferro, o aço, a pedra-sabão e a madeira. É também pintor. (*Roda – Arte e Cultura do Atlântico Negro*, jun./2006 n. 2);

c) **Basquiat (Jean Michel Basquiat)**: numa perspectiva política e social, Basquiat "trazia a apropriação das culturas africanas, asteca, egípcia e grega, misturadas a ícones da cultura de consumo e obras famosas como *Monalisa*, de Leonardo da Vinci, sob a influência da música negra estadunidense". Expôs em grandes galerias de arte pelo mundo. Morreu aos 28 anos de idade, vítima de overdose. (*Roda – Arte e Cultura do Atlântico Negro*, de George Cardoso);

d) **Heitor dos Prazeres**: natural do Rio de Janeiro, compositor e artista plástico. Dedicou-se à pintura e, como primitivista, obteve grande sucesso com suas cenas da vida urbana, com seus sambas de roda, macumbas, e trabalhos rurais. Recebeu um prêmio na Bienal de São Paulo de 1951. Participou do Festival Mundial de Artes Negras, de Dacar, em 1966. Correu o mundo com suas pinturas. Faleceu em 1966;

e) **Mestre Didi (Descóredes Maximiliano dos Santos)**: natural da Bahia. Sacerdote afro-brasileiro, artista plástico e escritor, revela em suas obras uma inspiração mítica, formal, material. Executa objetos rituais, inspiração maior de sua obra. Sua obra se inscreve em uma arte de vanguarda;

f) **Mestre Valentim (Valentim da Fonseca e Silva)**: mineiro, nascido na cidade de Serro Frio, em 1750. Escultor contemporâneo de Aleijadinho. Sua produção é reconhecida pela quantidade e pela qualidade. Sua obra, até hoje, influencia vários discípulos e seguidores e caracteriza-se pela produção de obras de natureza religiosa como também civis e urbanas. Morreu em 1813.

> "[...] Somos todos africanos de berço, quer nossa pele seja branca, amarela ou negra e a arte de nossos ancestrais nos ensina a mergulhar em nós mesmos para emergir mais inteiros com os pés mais solidamente colocados na terra."
>
> (Anna Bella Geitos – Artista Contemporânea)

"Num país como o Brasil, onde as tradições e culturas africanas nutrem de maneira tão vigorosa a personalidade do povo brasileiro, a empatia para com a África apareceria como algo natural, mas ela não é, apesar de todos os brasileiros serem herdeiros das tradições e cosmovisões desse continente."

(Carlos Moore)

3.2. História

Espera-se que os estudantes possam avançar na sua capacidade de:

a) valorizar as contribuições africanas como parte essencial da formação social brasileira;

b) reconhecer o Continente Africano como berço da humanidade e das primeiras civilizações mundiais, identificando-o como uma das matrizes legítimas da cultura humana geral;

c) desenvolver o orgulho pelas africanidades presentes na construção social do Brasil, identificando e valorizando as marcas da herança africana entrelaçadas no contexto social brasileiro;

d) problematizar os estereótipos, as visões e os mitos raciológicos preconceituosos erigidos sobre África, suas culturas e seu povo e consequentemente sobre a trajetória histórica e a cultura dos afro-brasileiros.

3.2.1. Temas prioritários

Sugerimos os seguintes:

a) *Diversidade e singularidades do Continente Africano;*
b) *Mitos raciológicos erigidos sobre o Continente Africano;*
c) *Povos e culturas do Continente Africano;*
d) *O tráfico humano transoceânico;*
e) *Laços de ancestralidade entre África e Brasil;*
f) *A diáspora africana e sua trajetória histórica no Brasil.*

3.2.2. Tópicos de conteúdos

Destacamos os abaixo:

a) África como o berço da humanidade e das primeiras civilizações;

b) Povoamento do Planeta a partir da África;

c) Reinos e Impérios Africanos;

d) Dominação colonial e partilha da África pelas nações europeias;

e) A diáspora africana e as consequências para o continente desta dispersão;

f) Descolonização e independência africana;

g) Trajetória histórica dos escravizados no Brasil;

h) As africanidades brasileiras;

i) A África na contemporaneidade;

j) Os afro-brasileiros na atualidade;

3.2.3. Atividades

As atividades abaixo poderão ser desenvolvidas:

a) perceber e valorizar semelhanças e diferenças, respeitando as diversidades étnico--raciais por meio de atividades que remetam ao próprio estudante, sua família e seu local de moradia;

b) pesquisa sobre as trajetórias históricas dos escravizados no Brasil (Diáspora), os afro-brasileiros na contemporaneidade;

c) trabalhar no sentido de promover conhecimentos amplos sobre a diversidade e as singularidades do Continente Africano;

d) promover informações corretas, desconstruindo e eliminando estereótipos construídos sobre a África, seu povo e sua cultura, ressignificando e construindo novos conceitos;

e) trabalhar a construção positiva da identidade racial e a autoestima dos estudantes por meio de estratégias que possibilitem a identificação da origem étnica e história de suas famílias, valorizando as tradições familiares, o lazer, a cultura, a religiosidade, os hábitos alimentares, etc.;

f) a África como berço da humanidade e das primeiras civilizações, os grandes reinos africanos pré-coloniais, a colonização africana, a independência dos países, a África na atualidade;

g) Promover a consciência histórica da presença africana no cotidiano histórico e na cultura brasileira.

3.2.4. Leituras

Propomos as seguintes:

a) *Para quando a África?* Entrevista com René Holestein/Joseph Ki-zerbo; tradução de Carlos Aboim de Brito. Rio de Janeiro: Pallas, 2006;

b) *Orientações e Ações para a Educação das Relações Étnico-Raciais.* Ministério da Educação e Cultura – SECAD. Brasília, 2006;

c) *Almanaque Pedagógico Afro-Brasileiro: uma proposta de intervenção pedagógica na superação do racismo no cotidiano escolar.* Rosa Margarida de Carvalho Rocha. Belo Horizonte: Mazza Edições, 2004;

d) *Ardis da Imagem.* Edimilson Almeida Pereira e Núbia Gomes. Belo Horizonte: Mazza Edições;

e) *Ancestrais – Uma introdução à História da África Atlântica.* Mary Del Piore e Renato Pinto Venâncio. Rio de Janeiro: Elsiver, 2004;

f) *A enxada e a lança – A África antes dos portugueses.* Alberto Costa e Silva. Rio de Janeiro: Nova Fronteira, 1996;

g) *A África na sala de aula – Visita à História Contemporânea.* Leila Hernandez. São Paulo: Selo Negro, 2005.

3.2.5. Vídeos

Sugerimos os seguintes:

a) **Sarafina, o som da liberdade** (1992, 98 min, dirigido por Darrel James Poot): na África do Sul, extraordinária professora ensina seus jovens alunos negros a lutarem por seus direitos. Para uma aluna em especial, essas lições serão um rito de iniciação na vida adulta na forma de uma brutal tomada de consciência a respeito da realidade que a cerca. Baseado na peça de Mbongeni Ngema;

b) **Um grito de liberdade** (1987, 157 min, dirigido por Richard Attenbrougt): inesquecível amizade entre dois homens inesquecíveis. A tensão e o terror presentes atualmente na África do Sul são vivamente retratados nesta arrebatadora história dirigida por Richard Attenborough sobre o ativista negro Stephen Biko (Denzel Washington) e um editor jornalístico branco, liberal, que arrisca a própria vida para levar a mensagem de Biko ao mundo. Depois de travar contato com os verdadeiros horrores do *apartheid* através dos olhos de Biko, o editor Donald Woods (Kevin Kline) descobre que o amigo foi silenciado pela polícia. Determinado a não deixar que a mensagem de Biko seja abafada, Woods empreende uma perigosa fuga da África do Sul para tentar levar a incrível história de coragem de Biko para o mundo. A fascinante história real oferece um relato emocionante do ser humano em seu lado mais nefasto e mais heroico. (Fonte: www.video21.com.br);

c) **A negação do Brasil** – O Negro na Telenovela Brasileira (2000, 92 min, dirigido por Joel Zito Araújo): documentário sobre tabus, preconceitos e estereótipos raciais. Uma história das lutas dos atores negros pelo reconhecimento de sua importância na história da telenovela, produto de maior audiência no horário nobre da televisão brasileira. O diretor, baseado em suas memórias, e em fortes evidências fornecidas por pesquisas, analisa a influência das telenovelas nos processos de identidade étnica dos afro-brasileiros e faz um manifesto pela incorporação positiva do negro nas imagens televisivas do país. (Fonte: www.fundacaoastrojildo.org.br);

d) **Atlântico Negro** – Na rota dos Orixás (1998, 54 min, dirigido por Retrato Barbieri): viagem no espaço e no tempo em busca das origens africanas da cultura brasileira. Historiadores, antropólogos e sacerdotes africanos e brasileiros relatam fatos históricos e dados surpreendentes sobre as inúmeras afinidades culturais que unem os dois lados do Atlântico. Visão atual do Benin, berço da cultura iorubá. Filmado no Benim, no Maranhão e na Bahia. (Fonte: www.fundacaoastrojildo.org.br);

e) **Quilombo** (1984, 119 min, dirigido por Cacá Diegues): em torno de 1650, um grupo de escravos se rebela num engenho de Pernambuco e ruma ao Quilombo dos Palmares, onde uma nação de ex-escravos fugidos resiste ao cerco colonial. Entre eles, está Ganga Zumba, príncipe africano e futuro líder de Palmares, durante muitos anos. Mais tarde, seu herdeiro e afilhado, Zumbi, contestará as ideias conciliatórias de Ganga Zumba, enfrentando o maior exército jamais visto na história colonial brasileira.

> "O docente incumbido do ensino da temática africana deverá cultivar sua sensibilidade em relação aos povos e culturas oriundos desse continente [...] A sua eficácia pedagógica terá uma maior repercussão e abrangência na medida em que sua sensibilidade empática para a matéria e para o seu entorno social seja elevada."
>
> (Carlos Moore)

Em Ciências é necessário trabalhar conceitos científicos que contribuam para desconstruir estereótipos sobre o negro e sua cultura.

3.3. Ciências

Espera-se que os estudantes possam:

a) compreender e valorizar a diversidade cultural brasileira relacionando as diferentes formas de elaboração, compreensão e utilização do conhecimento na área da Ciência, construídos nas diversas sociedades e culturas nas relações com a natureza, com a tecnologia, consigo mesmo e com o outro;

b) promover o aprendizado de conceitos e a construção de conhecimentos com base científica que levam à reflexão sobre preconceitos, estereótipos e discriminações advindas do senso comum sobre os seres humanos no planeta Terra;

c) possibilitar a compreensão da diversidade da vida, da herança biológica, das características hereditárias e sobre o papel do ambiente nas características dos seres humanos tendo como base as mais novas descobertas científicas;

d) compreender as adaptações dos seres humanos no ambiente, as características genéticas como marcas identitárias individuais e de grupo e como estas podem transformar-se em meio de expressão e influenciar nas relações culturais e sociais estabelecidas pelos seres humanos;

e) compreender e valorizar como as diferentes culturas concebem corpo e saúde, corpo e identidade, corpo e fases do desenvolvimento humano, abstraindo destas concepções e suas práticas valores que possibilitam mais saúde e qualidade de vida;

f) conhecer, compreender, valorizar e respeitar as maneiras diferentes de obter, tratar os alimentos e até mesmo consumi-los de povos, regiões e comunidades tradicionais;

g) identificar os problemas quanto à "Segurança alimentar e nutricional" enfrentados por grupos de pessoas mais pobres, refletindo sobre as causas como também propor soluções para reverter esta situação;

h) conhecer as variadas práticas culturais tradicionais que foram utilizadas (e ainda são) por afrodescendentes que são compatíveis com as exigências de conservação ou utilização sustentável dos recursos biológicos.

3.3.1. Temas prioritários

Sugerimos os seguintes:

a) Surgimento das famílias humanas e povoamento do Planeta;

b) As adaptações dos seres humanos no ambiente que determinam as características externas;

c) A diversidade cultural como parte importante da biodiversidade;

d) Racismo científico no Brasil;

e) Teorias racistas de superioridade racial e as modernas teorias antropológicas sobre raças humanas;

f) Relação das várias culturas mundiais com a natureza;

g) Contribuições das populações tradicionais de matriz africana para a área medicinal;

h) Questões ligadas à saúde do ser humano que se relacionam com a herança biológica, características hereditárias ou do ambiente em que vivem.

3.3.2. Tópicos de conteúdos

Destacamos os tópicos abaixo:

a) As características externas dos seres humanos, suas expressões culturais e as relações humanas baseadas nestas características;

b) O processo de humanização, surgimento das famílias humanas e as adaptações nos vários ambientes do Planeta;

c) As adaptações dos seres humanos nos vários ambientes do Planeta e as características externas (pele, melanina, cabelos, nariz) adquiridas em função destas;

d) Doenças relacionadas ao pertencimento racial (anemia falciforme, hipertensão, miomas, doenças cardíacas);

e) Saúde e doença e as condições em que vive o povo pobre e negro do Brasil (vacinação, prevenção, sistema de saúde, direitos do cidadão em relação à saúde);

f) A diversidade cultural e racial humana considerada como parte da biodiversidade;

g) A cosmovisão das várias populações tradicionais de matriz africana quanto ao relacionamento com a natureza, com o corpo, os elementos do Universo, com a saúde e a doença e suas práticas culturais tradicionais.

3.3.3. Atividades

As atividades abaixo poderão ser desenvolvidas:

a) desenvolver um projeto de trabalho tendo como mote o documentário *A origem do Homem*;

b) trabalhar como a cor da pele, os cabelos e a estética corporal têm influenciado nas relações sociais no mundo e especialmente no Brasil, relacionando estes estudos a conhecimentos científicos, desmistificando e desconstruindo estereótipos e preconceitos;

c) criar oportunidades de pesquisa e trabalhos no sentido de fazer analogias entre as teorias racistas de superioridade racial que chegaram ao Brasil importados da ciência europeia ocidental no final do século XIX, e as modernas teorias antropológicas sobre as raças humanas;

d) propor estudos, pesquisas, observações, coletas de dados sobre as variadas formas com que as populações tradicionais de matriz africana se relacionam com a natureza, identificando as relações entre estas e o conhecimento científico;

e) pesquisar os valores tradicionais africanos que foram recriados em terras brasileiras que remetem ao respeito ao corpo, à natureza e ao Universo como elementos indissociáveis, fazendo analogias entre estes e os paradigmas ecológicos da atualidade;

f) propor pesquisas e atividades que levem ao conhecimento das contribuições dos povos africanos para a medicina, bem como o uso de plantas como fonte de alimentação e medicamentos (fitoterapia);

g) trabalhar o texto da Convenção sobre a Diversidade Biológica (CDB), Decreto 2.519 de 16 de março de 1998, que fala das práticas culturais tradicionais que contribuem para a conservação da diversidade;

h) trabalhar as questões relacionadas à saúde pública no Brasil, os equipamentos urbanos, o saneamento, o sistema público de atendimento à camada empobrecida da população, os direitos do cidadão em relação à vacinação e à prevenção;

i) promover debates sobre: a mulher negra e a saúde; como promover a equidade na atenção à saúde; a universalidade e equidade em saúde; as pesquisas que revelam que o tratamento recebido por negros e negras no SUS é desigual em relação a outros grupos.

3.3.4. Leituras

Propomos as seguintes:

a) *Racismo, Preconceito e Intolerância.* Edson Borges e D'Adesky. São Paulo: Atual, 2004;

b) *Oficinas – Mulher Negra e Saúde* (Manual). Fátima Oliveira. Belo Horizonte: Mazza, 1998;

c) *Programa Estratégico de Ações Afirmativas: População Negra e AIDS.* Ministério da Saúde. Brasília: Ministério da Saúde, 2006;

d) *Relatório de Desenvolvimento Humano –* Brasil 2005 *Racismo, Pobreza e Violência.* Brasília: PNUD, 2005;

e) *Rediscutindo a Mestiçagem no Brasil.* Kabengele Munanga. Petrópolis: Vozes, 1999;

f) *Quilombos – Espaço de resistência de homens e mulheres negros –* Texto para reflexão com o professor(a). Ministério da Educação – SECAD. Brasília, 2005;

g) *Raça e Diversidade.* Lilia Moritz Schwarcz, São Paulo: EDUSP, 1996;

h) *O Espetáculo das Raças.* Lilia Moritz Schwarcz. São Paulo: Cia das Letras, 1993;

i) *Cidadania em preto e branco, discutindo as relações raciais.* Maria Aparecida Silva Bento. São Paulo: Ática,1997.

3.3.5. Curiosidades

Saiba que:

a) segundo dados do Núcleo de Opinião Pública da Fundação Perseu Abramo, 1% da população branca brasileira, residente na área urbana, já sofreu discriminação no serviço de saúde, contra 6% da população preta. (Fonte: Folder do Programa de Combate ao Racismo Institucional, *Promovendo a equidade na atenção à saúde)*;

b) existem no Brasil 1.883 comunidades quilombolas identificadas, espalhadas por quase todo o território brasileiro. Nessas comunidades tradicionais estão guardados importantes conhecimentos sobre alimentação e medicina natural que precisam ser resgatados e preservados como bens culturais.

3.3.6. Sites

Sugerimos o acesso aos seguintes sites:

a) Ministério da Saúde, www.saude.gov.br/saudenegra/02;

b) SEPPIR, www.presidencia.gov.br/seppir;

c) www.mec.gov.br/conferenciainfanto.

3.3.7. Vídeos

Sugerimos os abaixo:

a) **A origem do Homem** (2002, 91 min, Documentário): é a história de uma mulher chamada Eva, que viveu na África há 140.000 anos. Mas também é a história de todos os seres humanos que vivem na Terra hoje. Conta como todos fazemos parte de uma pequena família, como descendemos de um grupo de pessoas que deixaram a África há 80.000 anos e, pouco a pouco, chegaram à América. O programa traz a expansão do ser humano através do mundo, desde nosso princípio: da África, passando pelo Sul da Ásia, Austrália, Europa e, finalmente, chegando à América. Por meio de estudos sobre um DNA que só pode ser passado de todos os seres humanos não-africanos também deriva de um grupo de africanos que saíram da África e se espalharam pelo mundo. Por tudo isso, podemos concluir que todos os humanos do Planeta têm um gene comum, e estão relacionados à mesma sul-africana que viveu há 140.000 anos. O que nos mostra que as diferentes raças são algo superficial, pois, na realidade, viemos do mesmo lugar. E apesar das mudanças ambientais e culturais que ocorreram com o passar dos milênios, somos todos iguais! (Fonte: www.videolar.com.br);

b) **O Elo Perdido** (2005, 122 min, dirigido por Régis Wargnier, Inglaterra/França/África do Sul): em uma expedição à África, um antropólogo encontra uma tribo de pigmeus, o que o faz acreditar que eles sejam o elo perdido entre o homem e o primata. (Fonte: www.adorocinema.cidadeinternt.com.br);

c) **Cobaias** (1997, 118 min, dirigido por Josep Sargent, EUA): no sul dos Estados Unidos, em 1932, a sífilis se havia tornado uma epidemia entre as comunidades afro-americanas. Preocupados com a rapidez que a doença se espalhava pela região, o Governo decidiu criar um programa de tratamento no único hospital negro da localidade. Infelizmente, o tratamento acaba perdendo seu apoio financeiro e é fechado. A partir daí, tem início uma das mais horríveis traições da história da humanidade. Um grupo de doutores cria um novo programa médico que apenas finge realizar um estudo sobre o efeito da sífilis em homens negros, para comprovar se eles são biologicamente iguais ou diferentes dos brancos. Durante anos, 600 homens foram submetidos a essa humilhação, iludidos com uma cura que nunca chegaria... até o dia em que, finalmente, alguém resolveu revelar toda a verdade!

"A língua portuguesa que falamos no Brasil é constituída das heranças lingüísticas africanas, indígenas, portuguesas, entre outras [...]. Aprender uma língua não é somente aprender palavras, mas também os seus significados culturais e a forma como as pessoas do seu meio cultural entendem, interpretam e representam a realidade [...] A sociedade está cheia de falares africanizados. Hoje é consenso que a linguagem oral e escrita se completam."

(Diretrizes Curriculares para Inclusão da História e Cultura Afro-Brasileira e Africana na Rede Municipal de Ensino de Salvador. SMEC, 2004)

3.4. Português

Espera-se que os estudantes possam avançar na sua capacidade de:

a) respeitar a diversidade cultural brasileira pelo reconhecimento das heranças linguísticas africanas, da valorização da linguagem própria dos grupos sociais a que os(as) estudantes pertencem, das possibilidades de expressão por meio da oralidade, característica fundamental da cosmovisão africana recriada em terras brasileiras;

b) valorizar o uso da literatura como instrumento no combate a preconceitos e discriminação e como possibilidade na ampliação do conhecimento sobre valores, tradições e cosmovisões africanas e afro-brasileiras;

c) conhecer e analisar criticamente os usos da língua como veículo de valores e preconceitos de classe, credo, gênero ou etnia/raça;

d) respeitar a língua oral espontânea dos variados falares populares característicos dos grupos sociorraciais brasileiros;

e) respeitar a diversidade cultural brasileira por meio do reconhecimento das heranças linguísticas africanas, dos discursos históricos culturais deste povo e das possibilidades de expressão por meio da oralidade, usando dos códigos linguísticos e seus símbolos reconhecendo as origens étnicas e culturais;

f) valorizar a linguagem própria dos grupos, identificando sua diversidade cultural e apreciando a linguagem do grupo social a que pertence como forma de interação com o outro.

3.4.1. Temas prioritários

Sugerimos os seguintes:

a) *A linguagem e a diversidade cultural;*

b) *Heranças linguísticas africanas no Brasil;*

c) *A literatura africana e afro-brasileira;*

d) *As marcas da linguagem própria dos grupos sociais de periferia e a língua--padrão do Brasil;*

e) *O uso da linguagem como expressão de valores e preconceitos;*

3.4.2. Tópicos de conteúdos

Destacamos os tópicos abaixo:

a) Conhecimento dos falares africanizados no cotidiano da sociedade brasileira;

b) Analogia entre os falares e expressões por meio da oralidade dos grupos sociais com a língua-padrão do Brasil;

c) Mitologia africana e afro-brasileira como fonte de informação e entendimento de aspectos da cultura africana e afro-brasileira;

d) Literatura como instrumento de combate ao racismo, a preconceitos e discriminações;

e) Uso da literatura africana para maior conhecimento da cosmovisão, valores e tradições deste continente que dialogam com os do Brasil.

3.4.3. Atividades

As atividades a seguir poderão ser desenvolvidas:

a) trabalhar a influência dos falares africanos no Brasil elaborando dicionários, ilustrados ou não, com palavras incorporadas ao vocabulário dos brasileiros;

b) criar situações de debates por meio do trabalho com textos de circulação social: cultura, esporte, sexualidade, racismo, violência, juventude, condições e especificidades das mulheres negras;

c) analisar criticamente textos que, de forma tendenciosa, tratam questões de gênero e étnico-raciais que são veiculadas na publicidade;

d) apreciação de textos literários produzidos por autores (ou autoras) negros brasileiros contemporâneos conhecendo suas obras e biografia;

e) conhecer alguns dos principais autores(as) das literaturas africanas de Língua Portuguesa;

f) trabalhar com a mitologia afro-brasileira e da realidade local reconhecendo e valorizando sua importância para o resgate da identidade dos indivíduos e do grupo;

g) trabalhar com a linguagem oral por meio desta mitologia, compondo textos coerentes a partir de trechos destes textos e das histórias contadas pelos estudantes e seus familiares. Compor um livro ilustrado com estes textos;

h) leitura, análise e produção de letras de canções, fanzines e quadrinhos, característicos das culturas urbanas juvenis.

3.4.4. Leituras

Propomos as seguintes:

a) *Ire Ayó: Mitos Afro-Brasileiros.* Carlos Petrovich e Vanda Machado. EDUFA, 2004;

b) *Poéticas Afro-Brasileiras.* Maria do Carmo Lanna Figueiredo e Maria Nazareth Fonseca. Belo Horizonte: Mazza/PUC Minas, 2003.

c) *Cadernos Negros – Quilombhoje Literatura.* São Paulo, 1978 a 2000;

d) *Rap e educação Rap é educação.* Elaine Nunes de Andrade (Org.). São Paulo: Selo Negro, 2000;

e) *Crianças como você.* Bamabas e Anabel, Kindersley. UNICEF. Ática, 1996;

f) *História da Preta.* Heloisa Pires Lima. São Paulo: Cia. das Letrinhas, 1998;

g) *Avisa-lá n. 1 e n. 18.* Revista para formação de professores de Educação Infantil e séries iniciais do Ensino Fundamental.

3.4.5. Biografias

Dentre outras, destamos:

a) **Adão Ventura:** mineiro do Distrito de Santo Antônio do Itambé, pertencente ao Serro, formou-se em Direito pela Universidade Federal de Minas Gerais. A partir da década de 1970 começou a publicar seus poemas no *Suplemento Literário de Minas Gerais.* Neste mesmo período, lecionou na Universidade do Novo México, nos Estados Unidos. Suas obras são marcadas pela temática da negritude, das quais se destacam *A cor da pele* e *Texturafro.* Foi Presidente da Fundação Palmares, órgão federal dedicado à formulação e implementação de políticas voltadas para a promoção social da população negra brasileira. Faleceu no dia 12 de junho de 2004 em decorrência de um câncer no intestino;

b) **Cuti (pseudônimo de Luiz Silva):** nascido em Ourinhos, São Paulo, em 1951, formou-se em Letras pela Universidade de São Paulo. Foi um dos fundadores do Quilombhoje, grupo com o objetivo de aprofundar a experiência afro-brasileira na literatura e promover a discussão de conhecimentos e informações, bem como desenvolver e incentivar estudos e pesquisas sobre a literatura e cultura negra. Publicou, entre outros, *Poemas da carapinha, Negros em Conto* e *Flash Crioulo sobre o sangue e o sonho;*

c) **Cruz e Sousa:** expoente maior do Simbolismo brasileiro, João da Cruz e Souza nasceu em 24 de novembro de 1861 em Desterro, atual Florianópolis. Filho de escravos alforriados, sentiu na pele o preconceito racial, sendo proibido de assumir o cargo de Promotor Público por ser negro. Conhecido como "o poeta negro", narrou

em seus poemas o sofrimento de seu povo. *Broquéis* é considerado sua obra mais importante. Vítima de tuberculose faleceu aos 36 anos;

d) **Lima Barreto**: Afonso Henriques de Lima Barreto nasceu no Rio de Janeiro, em 1881. Filho de uma negra e de um português, registrou em seus livros as mazelas sociais, os acontecimentos políticos e a discriminação sofrida por negros e mulatos nos primeiros anos da República. *Triste fim de Policarpo Quaresma* é considerado sua obra-prima. Atormentado por crises nervosas e vítima do alcoolismo, chegou a ser internado em um sanatório entre os anos de 1914 e 1916. Infelizmente somente postumamente a obra de Lima Barreto obteve seu devido reconhecimento. Faleceu em 1922 vítima de um colapso cardíaco;

e) **Maria Firmina dos Reis**: primeira poetisa maranhense, nasceu em 11 de outubro de 1825. Filha bastarda e mulata, foi vítima da sociedade segregacionista em que viveu. Em 1859 publicou *Úrsula*, primeiro romance antiescravagista brasileiro. Ao longo dos seus 92 anos, dedicou-se a ler, escrever e ensinar. Atuou também como folclorista, na recolha e preservação de textos da literatura oral, além de ser responsável pela composição de um hino para abolição da escravatura. Em 1861 publicou o romance *Gupeva*, abordando a temática indianista.

3.4.6. Sites

Sugerimos o acesso aos seguintes sites:

a) www.novaescola.com.br;

b) www.intermidia.icmc.sc.usp.br/congada;

c) Portal Literafro – www.letras.ufmg.br/literafro.

"O povo negro onde quer que esteja, entre culturas africanas ou outras, apesar dos 500 anos de submissão ao Ocidente que o colonizou, à razão, ainda expressa a vida com o corpo inteiro, antes de mais nada, e não apenas com bons sentimentos e perfeitos raciocínios, que descobrimos o mundo, as outras pessoas e o que elas pensam de nós."

(Petronília Beatriz Gonçalves Silva. Negro e Educação,1, p. 39. Salvador: SMEC, 2004)

3.5. Educação Física

Como esta disciplina poderá contribuir para a desconstrução do imaginário étnico-racial presente na sociedade brasileira que privilegia a brancura e desvaloriza a negritude?

Espera-se que os estudantes possam avançar na sua capacidade de:

a) reconhecer e valorizar a diversidade étnico-cultural brasileira por meio de vivências e experiências que respeitem a corporeidade dentro da cosmovisão africana que entende o corpo como a unidade mínima possível para qualquer aprendizagem e também como local da memória, da força e da cultura;

b) vivenciar diferentes práticas corporais advindas das variadas manifestações culturais, valorizando-as como patrimônio cultural e adotando postura de reconhecimento e respeito diante das expressões dos diferentes grupos étnicos e sociais;

c) construir conhecimentos que possibilitem a análise crítica dos valores sociais, padrões de beleza e saúde que se tornam dominantes na sociedade, que muitas vezes levam à discriminação racial.

3.5.1. Temas prioritários

Sugerimos os seguintes:

a) A corporeidade dentro da cosmovisão africana;

b) Expressões culturais ligadas às práticas culturais advindas de diferentes grupos étnicos e sociais;

c) Análise crítica dos valores sociais, padrões de beleza, estética e saúde escolhidos como padrão pela sociedade brasileira em contrapartida às expressões por meio da corporeidade da diversidade étnico-racial brasileira;

d) Jogos, brincadeiras e práticas esportivas de diversos grupos étnico-raciais.

3.5.2. Tópicos de conteúdos

Destacamos os abaixo:

a) Jogos, brincadeiras e práticas esportivas que valorizam a socialização, a interação e a convivência respeitosa entre as diferenças;

b) Práticas corporais de outras culturas e suas expressões por meio de danças, performance e representações teatrais;

c) Promover o trabalho de pesquisa sobre a origem e a história de diferentes jogos e brincadeiras afro-brasileiras e africanas;

d) Festas, danças e danças religiosas de matriz africana;

e) Valores éticos de solidariedade, fraternidade, colaboração, partilha, por meio de jogos, brincadeiras e atividades esportivas;

f) Conhecer a biografia de grandes desportistas negros e mestres de capoeira.

3.5.3. Atividades

As seguintes atividades poderão ser desenvolvidas:

a) criação e montagem de coreografias a partir da proposição de temas relacionados à temática étnico-racial (racismo, resistência, luta e alegrias, conquistas, etc.);

b) improvisação de movimentos de forma individual e coletiva, a partir de temas relacionados à história, mitologia e cultura e outros assuntos sobre a temática racial;

c) pesquisar sobre jogos, brincadeiras e danças de outras culturas e grupos sociais identificando suas origens e suas regras;

d) conhecer a biografia de grandes desportistas negros e mestres de capoeira;

e) promover jogos que, tendo a interação como objetivo, privilegiem a solidariedade, a fraternidade, a partilha e o comunitarismo em contraposição aos que exacerbam a competição;

f) trabalhar a conscientização sobre o corpo, por meio de vivências corporais lúdicas, utilizando sons, poemas, histórias e músicas com a temática étnico-racial;

g) promover momentos especiais de exposição de trabalhos, pesquisas históricas e apresentações artísticas dos(as) estudantes à comunidade, sobre as festas e danças de matriz africana;

h) utilizar os jogos, brincadeiras e as práticas esportivas como forma de desenvolver atitudes e valores mais éticos e de valorização e de respeito às diferenças.

3.5.4. Leituras

Propomos as seguintes:

a) *Dança negro, ginga a história.* Maria Zita Ferreira. Belo Horizonte: Mazza Edições, 1998;

b) Secretaria de Estado de Educação de Minas Gerais. *Educação Física – Proposta Curricular.* Educação Básica. Belo Horizonte, 2005;

c) *Cadernos PENESB – Programa de Educação sobre o negro na sociedade brasileira.* André Augusto P. Brandão (Org.). Niterói (RJ): nº 4-5, p. 119.

3.5.5. Curiosidades

Saiba que:

a) "Na cultura negra, o corpo é fundamental, pois a força está no corpo. Não se concebe o corpo separado do todo. Ele faz parte do ecossistema. Ele não é apenas um corpo cultural." (Oliveira, 2004, p. 11);

b) "A capoeira é uma prática corporal viva em nosso país, carregada de simbologias, conhecimentos e histórias." (CBC – SEEMG, 2005).

""Por meio da língua estrangeira, ampliam-se as possibilidades de o aluno agir discursivamente no mundo e de compreender outras manifestações culturais próprias de outros povos."

(CBC – Inglês – Secretaria do Estado de Minas Gerais)

3.6. Língua Estrangeira

Objetivo: possibilitar conexões com símbolos culturais e políticos de outros mundos como instrumento de cidadania, fortalecendo e ampliando a possibilidade de acesso às experiências culturais e históricas africanas e da diáspora.

3.6.1. Temas prioritários

Sugerimos os seguintes:

a) *Línguas oficiais e línguas maternas faladas em vários países africanos;*

b) *Experiências históricas dos países da língua estudada que se relacionam com a temática racial;*

3.6.2. Tópicos de conteúdos

Destacamos os abaixo:

a) *Conexão entre as línguas estrangeiras com os símbolos culturais presentes na comunidade local;*

b) *Competência comunicativa em língua estrangeira, estabelecendo diálogo com o contexto social dos estudantes, com sua realidade cultural e ambiental;*

c) *Diálogos com as outras áreas do conhecimento, como, por exemplo, a Geografia, a História, a Literatura e a Arte para tomar conhecimento da trajetória histórica das experiências da diáspora africana (EUA, Jamaica, Haiti, América Latina, Caribe, etc.);*

d) *Diversidade de línguas oficiais e línguas maternas faladas nos vários países africanos.*

3.6.3. Atividades

As atividades abaixo poderão ser desenvolvidas:

a) leitura, tradução e interpretação de canções de diferentes estilos musicais de origem e/ou influência afro em língua estrangeira;

b) ler, assistir a filmes, navegar pela Internet e assistir a programas de televisão em língua estrangeira nos quais a cultura negra seja a tônica;

c) possibilitar trocas de correspondências com os alunos de escolas da língua estrangeira estudada em países africanos;

d) visita a sites (na língua estudada)) relacionados ao tema étnico-racial, complementando e ampliando reflexões e debates sobre o tema;

e) troca de cartões-postais tanto via correio eletrônico quanto via correio normal com estudantes que falem a língua estudada e se interessem pela cultura e história negras;

f) elencar e localizar, construindo mapa temático de algumas das línguas oficiais e maternas faladas nos vários países da África.

3.6.4. Leituras

Propomos as seguintes:

a) *Inglês – Proposta Curricular* – Educação Básica. Secretaria de Estado de Educação de Minas Gerais. Série Cadernos Pedagógicos. Belo Horizonte: SEE, 2005;

b) *Diretrizes Curriculares para a Inclusão da História e Cultura Afro-Brasileira e Africana na Rede Municipal de Ensino de Salvador,* SMEC, 2004;

c) *Manual de sobrevivência do negro no Brasil.* Arnaldo Xavier e Maurício Pestana. Edição Português/Inglês. São Paulo: Nova Sampa Diretriz Editora, 1993;

d) *Olhos cor de noite sem lua.* Leosino Miranda de Araújo. – Série Pretinho me contou. (Português/Espanhol/Inglês). Belo Horizonte: Oficina do Pensamento, 2005.

"O território africano, componente fundamental para uma compreensão mais apurada das questões que envolvem o papel do negro na sociedade brasileira, não pode deixar de ser entendido como um espaço produzido pelas relações sociais ao longo de sua evolução histórica, suas desigualdades, contradições e apropriação que esta e outras sociedades fizeram, e ainda fazem, dos recursos da natureza."

(Rafael Sânzio)

3.7. Geografia

Deseja-se que os estudantes consigam:

a) reconhecer a diversidade sociocultural brasileira numa perspectiva geográfica, identificando sua localização no território e suas formas de manifestações e interação;

b) entender, por meio do estudo crítico do espaço geográfico brasileiro, a interdependência existente entre as configurações deste e as práticas sociais, bem como problematizar e compreender as relações existentes entre economia, política e participação social e suas repercussões neste espaço;

c) compreender que o território africano e brasileiro foram, e continuam sendo, espaços produzidos pelas relações sociais estabelecidas historicamente, gerando desigualdades e contradições;

d) compreender o espaço geográfico brasileiro, atentando para a dimensão da diversidade étnico-cultural, reconhecendo e superando a discriminação existente.

3.7.1. Temas prioritários

Sugerimos os seguintes:
a) O processo de hominização;
b) Povoamento do Planeta a partir do Continente Africano;
c) Construção histórica do espaço geográfico brasileiro e africano;
d) Territorialidade africana, diversidade e complexidades;
e) Sociodiversidade das paisagens brasileiras e africanas;
f) Perspectiva geográfica da diversidade sociocultural brasileira e africana;
g) Repercussões da economia, da política e da participação social no espaço geográfico brasileiro e africano;
h) Espaço geográfico brasileiro e africano e a interdependência entre sua configuração e as práticas sociais.

3.7.2. Tópicos de conteúdos

Destacamos:
a) África como berço da humanidade e das primeiras civilizações;

b) Caminhos percorridos pelas primeiras famílias humanas para o povoamento do Planeta a partir da África;

c) O povoamento da América do Sul;

d) Reinos e Impérios pré-coloniais, colonização e independência dos países africanos;

e) Organização do espaço geográfico africano e as características gerais das populações deste continente;

f) O difícil processo de ocupação do espaço urbano e rural vivenciado pelo negro no Brasil, pós-abolição e na atualidade;

g) Causas e consequências desse processo e as relações estabelecidas;

h) Situação de marginalização social vivenciada pelos negros no espaço social brasileiro;

i) As contribuições negras quanto à formação do território colonial brasileiro e nos ciclos econômicos;

j) Cultura dos grupos matrizes da sociedade brasileira e suas contribuições quanto à produção material, cultural, ideológica e social;

k) Território das comunidades quilombolas: dinâmicas e importância. Quilombos na atualidade brasileira;

l) Economia, países, povos, etnias e cultura do Continente Africano;

m) A África na atualidade;

n) Países africanos e globalização.

3.7.3. Atividades

As atividades abaixo poderão ser desenvolvidas:

a) trabalhar a diversidade por meio do estudo de semelhanças e diferenças de famílias pelo mundo através do tempo e espaço, visualizando positivamente as diversidades e os valores das famílias africanas e afrodescendentes;

b) atividades concretas que levem os(as) estudantes a se perceberem como sujeitos sociais que compartilham espaços com outros grupos sociais, enfatizando a necessidade de se estabelecer relações de conhecimento e respeito;

c) para o reconhecimento sobre as contribuições quanto à produção material, cultural-ideológica e social, bem como da situação de marginalização no espaço social brasileiro, sugere-se a organização de trilhas urbanas com os estudantes criando oportunidades para análise, observação, registro dos aspectos observados. Planejar e organizar o roteiro, assim como realizar posteriormente atividades de sistematização sobre o observado;

d) organizar com os(as) estudantes uma linha do tempo registrando o processo de hominização;

e) organizar com os(as) estudantes uma representação no mapa-múndi dos prováveis caminhos percorridos pelas famílias humanas no povoamento do Planeta, usando barbantes ou outro material que possa demarcar esta trajetória. Usar desta construção para a produção do texto relatando esta caminhada;

f) construir mapas temáticos com os estudantes (usando até material reciclado) localizando os grandes impérios e reinos africanos antes do processo de colonização;

g) trabalhar com dados sobre as assimetrias raciais brasileiras. Construir gráficos a partir de textos, como também o movimento contrário: a partir de textos, construir gráficos fazendo análise crítica sobre o observado;

h) pesquisa sobre as descobertas arqueológicas que ajudam a explicitar o povoamento da América, em especial o crânio de uma mulher denominada Luzia: fóssil mais antigo das Américas encontrado em Lagoa Santa, no ano de 1974;

i) buscar informações em livros e documentos para confecção de mapas temáticos localizando os Quilombos da localidade e/ou os principais do Brasil;

j) a partir de pesquisa, procurar construir com os(as) estudantes um quadro comparativo sobre a situação dos Quilombolas de ontem e de hoje, observando aspectos que se relacionem com: os territórios ocupados, a organização das comunidades, as questões de saúde, sobrevivência e educação e outros, de acordo com a realidade;

k) os documentários e filmes são excelentes instrumentos para deflagrar discussões sobre as situações de racismo, preconceitos e discriminação no território brasileiro como também entender a situação calamitosa em que se encontra o Continente Africano na atualidade.

3.7.4. Leituras

Propomos as seguintes:

a) *Negritude, Cinema e Educação – Caminhos para a implementação da Lei 10.639/2003.* Edileuza Penha (Org.). Belo Horizonte: Mazza Edições, 2006, Vol. 1;

b) *Coleção África-Brasil – Cartografia para o ensino-aprendizagem. Territórios das Comunidades Quilombolas no Brasil – Segunda configuração espacial.* Rafael Sânzio Araújo dos Anjos. Mapas Editora e Consultoria;

c) A Geografia, os Negros e a diversidade cultural. Série *O Pensamento Negro em Educação* – Núcleo de Estudos Negros. Florianópolis, 1998, p. 93-106;

d) "A Geografia, a África e os negros brasileiros." In: Munanga KABENGUELE (Org.). *Superando o racismo na escola.* Brasília: Ministério da Educação, Secretaria de Educação Fundamental, 1999, p.169-182.

3.7.5. Curiosidades

Saiba que:

a) o Brasil é considerado a segunda maior nação negra do planeta (Abril /1990);

b) o Rio Nilo nasce no coração da África, no Lago Vitória. Foi em seu longo e estreito vale, rodeado pelos desertos, que floresceram os cultivos agrícolas e a civilização urbana;

c) a África possui uma área de aproximadamente 30 milhões de quilômetros quadrados, o que representa cerca de 20% das terras emersas do Planeta.

3.7.6. Biografias

Dentre outras, destacamos:

A) **Prof. Milton Santos:** geógrafo conhecido mundialmente. Milton Santos nasceu na Bahia no ano de 1926. Formado em Direito pela Universidade Federal da Bahia, participou ativamente do Movimento Estudantil, sendo eleito vice-presidente da UNE. Com o Golpe Militar de 1964, foi preso e exilado. Nos anos de exílio na França, lecionou na Universidade de Toulouse por três anos. Em 1994, recebeu o *Prêmio Vautrim Lud*, considerado o "Nobel da Geografia". Sua obra é composta por livros magistrais, como *Por uma outra Globalização e Território e Sociedade no século XXI*;

B) **Prof. Rafael Sânzio Araújo dos Anjos:** pesquisador e coordenador do Centro de Cartografia Aplicada da Universidade de Brasília, possui importantes trabalhos voltados para o estudo da Geografia Africana e Afro-brasileira. Publicou *Quilombolas – Tradições e Cultura da Resistência*, no qual retrata em mapas e fotos a realidade das comunidades quilombolas no Brasil.

3.7.7. Vídeos

Sugerimos os seguintes:

a) **Hotel Ruanda** (EUA/Itália/África do Sul, 2004, dirigido por Terry George, Imagem Filmes): em 1994, um conflito político em Ruanda levou à morte quase 1 milhão de pessoas em apenas cem dias. Sem apoio dos demais países, os ruandenses tiveram que buscar saídas em seu próprio cotidiano para sobreviver. Uma delas foi oferecida por Paul Rusesabagina (Don Cheadle), que era gerente do Hotel Milles Collines, localizado na capital do país. Contando apenas com sua coragem, Paul abrigou no hotel mais de 1200 pessoas durante o conflito (Fonte: www.adorocinema.cidadeinternet.com.br);

b) **Entre dois amores (Out of África)** (EUA, 1985, dirigido por Sidney Pollack, Universal Pictures): o filme relata a história real da baronesa dinamarquesa Karen von Blixen-Finecke, uma mulher independente e forte que dirige uma plantação de café no Quênia, por volta de 1914. Para sua total surpresa, ela se descobre apaixonada pela África e pela sua gente. Casada por conveniência com o Barão Bror von Blixen-Finecke, apaixona-se pelo misterioso caçador Denys Finch Hatton (Fonte: www.adorocinema.cidadeinternet.com.br);

c) **Crianças invisíveis (Itália, 2005, dirigido por Spyke Lee, Paris Filmes):** Crianças Invisíveis, diz o nome, fala de crianças, de vítimas, retratadas por sete curtas em vários cantos do mundo (Brasil, Burkina-Faso, China, Estados Unidos, Inglaterra, Itália e Sérvia-Montenegro). Com isso, o filme concebido pela italiana Chiara Tilesi, com produção de Maria Grazia Cucinotta e Stefano Veneruso, emociona, faz o espectador chorar, estabelecer uma empatia com os personagens do trabalho infantil, da guerra, ou mesmo da delinquência (Fonte: www.reportersocial.com.br).

"Desde as primeiras etapas da escolaridade, o ensino da Geografia deve ter como objetivo mostrar ao aluno que cidadania é também sentimento de pertencer a uma realidade na qual as relações entre a sociedade e a natureza formam um todo integrado – constantemente em transformação – do qual ele faz parte e, portanto, precisa conhecer e sentir-se como membro participante, afetivamente ligado, responsável e comprometido historicamente.

(Parâmetros Curriculares Nacionais).

"Os conhecimentos de geometria, no continente africano, não se restringem ao que nós chamamos de geometria euclidiana. Outras lógicas de composição geométrica são encontradas. Uma delas é a geometria fractal (utilizada nos campos da informática...). Aqui no Brasil, as geometrias fractais aparecem nas culturas afrodescendentes, na arte."

(Henrique Cunha Júnior)

3.8. Matemática

O trabalho na área da Matemática poderá permitir ao educando:

a) reconhecer pela história de africanos e afrodescendentes o sucesso passado nas áreas da matemática e áreas afins como a arquitetura e a engenharia;

b) conhecer expoentes negros na matemática, engenharia e arquitetura;

c) reconhecer e valorizar os vários saberes matemáticos que cada um traz do seu próprio cotidiano;

d) utilizar os conhecimentos matemáticos cotidianos e aplicá-los nos contextos cultural e escolar;

e) reconhecer que povos e culturas constroem saberes matemáticos levando em conta sua visão do mundo.

3.8.1. Temas prioritários

Sugerimos os seguintes:

a) *A etnomatemática[4]. O fazer matemático de várias culturas;*

b) *A gênese do "pensar numericamente" da humanidade;*

c) *A Afroetnomatemática[5];*

d) *Saberes matemáticos do cotidiano.*

---

[4] O lado histórico, cultural e antropológico da matemática do dia-a-dia.
[5] A Afroetnomatemática é a área de pesquisa que estuda os aportes de africanos e afrodescendentes à Matemática e à informática, como também desenvolve conhecimentos sobre o ensino e aprendizado da matemática, da física e da informática nos territórios da maioria dos afrodescendentes.

3.8.2. Tópicos de conteúdos

Destacamos os abaixo:

a) A África como precursora de uma aritmética concreta;

b) Modos de contar, medir, marcar o tempo e de entender o Universo utilizados por diferentes povos de diferentes culturas;

c) Relação da matemática tradicional com a prática matemática de povos e culturas diferentes, especialmente as populações africanas e afro-brasileiras;

d) Biografias de africanos e afrodescendentes que contribuíram e tiveram sucesso nas áreas de matemática, como, por exemplo, a arquitetura e a engenharia.

3.8.3. Atividades

As atividades abaixo poderão ser desenvolvidas:

a) produzir pesquisas e elaborar gráficos sobre assimetrias raciais no Brasil (trabalho, educação, saúde, etc.);

b) pela arte africana, explorar o conhecimento geométrico ali expresso;

c) pesquisar outros modos de contar, medir, marcar o tempo, de entender o Universo, utilizados por diferentes povos de diferentes culturas;

d) pesquisar as biografias de afrodescendentes que foram expoentes na área da matemática, engenharia, arquitetura, como, por exemplo, Mestre Valentim, Theodoro Sampaio, André Rebouças, Manoel Quirino e outros, enfatizando suas contribuições para a sociedade brasileira;

e) por meio de jogos e brincadeiras, procurar relacionar a matemática tradicional com a prática matemática de povos e culturas diferentes, especialmente as populações africanas e afro-brasileiras (nos Quilombos, nas periferias das cidades, nos terreiros, na capoeira, nos desenhos africanos, etc.);

f) construir com material de sucata jogos matemáticos de diferentes culturas, como exemplo as mandalas africanas;

g) usar símbolos culturais e tecidos africanos para trabalhar conceitos de simetria, geometria e cálculo.

h) explorar as construções egípcias e a matemática presente nestas construções.

3.8.4. Leituras

Propomos as seguintes:

a) *Revista Escola. África de todos nós,* p. 42-49. *Faça você mesmo – Um jogo de tabuleiro que veio da África,* p. 64-65. São Paulo: Editora Abril, ed. 187, nov. 2005;

b) *Geometria Shona.* Paulus Gerdes. Maputo: Instituto Superior Pedagógico, 1993;

c) *Tantos Povos, Tantas Matemáticas.* Ubiratan D'Ambrósio, IN: REVISTA Educação, SÃO PAULO nov. 1997, n. 199, p. 3-5;

d) *Revista Scientifc Americam. Etnomatemática.* São Paulo: Dueto Editorial, edição especial n. 11, 2005;

e) *A semente que veio da África.* Heloísa Pires, Georges Gneka e Mário Lemos. São Paulo: Salamandra, 2005.

3.8.5. Curiosidades

Saiba que:

a) o objeto matemático mais antigo é o bastão de Ishango, osso com registros de dois sistemas de numeração. Ele foi encontrado no Congo em 1950 e é 18 mil anos mais antigo do que a matemática grega;

b) o povo Tshokwe, moradores da África Central (nordeste de Angola), por meio de desenhos dos contadores de histórias, criam enigmas de análise combinatória. Estes desenhos são chamados de soma e são feitos na areia com os dedos;

c) no Egito, os escribas cuidavam de todo registro da administração real, dos templos, das pessoas de grandes posses. Numerosas ilustrações desta época retratam escribas nos campos, onde faziam o cálculo da área das terras cultivadas e o tamanho das colheitas.

3.8.6. Biografias

Dentre outras, destacamos:

a) **Ubiratan D'Ambrosio:** paulistano, nascido em 8/12/1932, é Bacharel e Licenciado em Matemática pela Faculdade de Filosofia, Ciências, Letras e Artes da Universidade de São Paulo. Doutor em Matemática, preside a Sociedade Brasileira de História da Matemática. Percussor do Movimento da *Etnomatemática, criado em 1975, publicou recentemente Etnomatemática: Elo entre as tradições e a modernidade (2001), Educação para uma sociedade em transição e Temas Transversais e Educação em Valores Humanos,* ambos em 1999;

b) **Henrique Cunha Júnior:** fundador da Associação Brasileira de Pesquisadores Negros, Henrique Cunha Júnior possui ampla formação acadêmica. É formado em Engenharia Elétrica pela Universidade de São Paulo; em Sociologia pela Universidade do Estado de São Paulo; é mestre em História e fez doutorado em Engenharia. Atualmente é professor titular da Universidade Federal do Ceará. Dirigiu grupos de Teatro Amador no Movimento Negro na década de 1970 e foi membro do Grupo Congada de São Carlos. Entre suas publicações, estão *Tear Africano – Contos Afrodescendentes e Aprovados! e Cursinho pré-vestibular e população negra;*

c) **Manoel Quirino:** expoente na formação da identidade negra no Brasil, Manoel Quirino nasceu em Santo Amaro da Purificação, Bahia, em 1853. Artista plástico, professor de Desenho, arquiteto, artesão e jornalista, foi o primeiro afro-brasileiro a publicar livros sobre a história e a cultura afro-brasileira. Participou da Guerra do Paraguai. Faleceu em 1923;

d) **Theodoro Sampaio:** engenheiro baiano, filho de escravos, Theodoro Sampaio foi responsável pelos planos de água e saneamento das cidades de Santos e Salvador. Destacou-se também nos campos da Geografia e Filosofia. Foi professor da Faculdade de Filosofia e fundador da Escola Politécnica da Universidade de São Paulo. No campo da política, foi eleito deputado federal pela Bahia.

3.8.7. Sites

Sugerimos o acesso aos seguintes sites:

a) www.novaescola.com.br;

b) www.ime.unicamp.br/~lem.publical/e_sebast/etno.pdf;

c) www.vello.sites.uol.com.br/ubi.htm.

3ª Parte
Pensando um Plano Pedagógico de Ação

"Transformar as coisas não é fazer nada de novo; é tomar as mesmas coisas e organizá-las de outra forma. A mudança surge quando decidimos organizar as velhas coisas de outra maneira, com outras finalidades, outros propósitos."

(Bernardo Toro)

4. Construindo um projeto de intervenção

Para pensarmos a possibilidade de implantação de uma lógica cada vez mais inclusiva, inserindo a questão racial no currículo e na cultura escolar, impõe repensar e ressignificar as práticas educativas, reorientar ações, promover fundamentação teórico-metodológica sobre a questão racial.

A conscientização dessas mudanças poderá ser efetivada por meio de um novo tratamento, no qual as diferenças raciais sejam teoricamente embasadas, abordadas no currículo e no cotidiano escolar fazendo parte do Projeto Político-Pedagógico nos moldes em que são sugeridos oficialmente pelos sistemas educacionais de ensino.

Este propósito poderá ser contemplado com a organização de um plano de ações escolares constando as várias etapas em que este estará dividido. Reitera-se a importância e a necessidade de que este processo de construção seja feito de forma coletiva, com a participação de todos os segmentos da comunidade escolar.

Cada unidade escolar deverá construir o seu "Plano de Ação Escolar", tendo como base a sua realidade. Mas alguns parâmetros poderão orientar este trabalho. Contemplando esta necessidade escolar urgente, sugere-se a seguir etapas para a implantação de um Plano de Intervenção Pedagógica.

4.1. Elaboração da proposta

A construção de uma proposta coletiva e articulada, incluindo a dimensão étnico-racial, deverá ser precedida da construção de um diagnóstico objetivo da situação da escola quanto ao trato da questão racial no fazer pedagógico diário.

O diagnóstico deverá abranger vários aspectos, com possibilidade de se fazer uma análise detalhada, detectando os pontos que requerem mudanças, como também os pontos de excelência da escola. Para elaboração desta proposta, seguem algumas questões básicas que poderão direcionar o trabalho, servir como referencial para reflexão do grupo de educadores.

4.1.1. Sobre currículos e programas

Como o conhecimento das experiências de todas as etnias tem sido incorporado pela escola? Quais têm sido as estratégias utilizadas pela escola em tratar positivamente todas as culturas? A realidade e a bagagem sociocultural dos alunos têm sido trabalhadas nos conteúdos escolares de que forma? Qual tem sido a preocupação da escola em não tratar a questão racial apenas como um tema ético ou de educação de valores? Em que medida os currículos e programas escolares têm sido condizentes com os propósitos contemporâneos de educação que valorizam a diversidade, a pluralidade e a diferença de experiências socioculturais? Como tem sido estabelecido o diálogo entre o tema racial e os outros conteúdos trabalhados pela escola? Quais serão as estratégias escolhidas pela escola para que a questão racial venha a ser tratada coletivamente e não apenas pelos profissionais sensíveis aos avanços sociais? Como será efetivado o trato transversal da questão racial na proposta pedagógica da escola?

4.1.2. Atividades e rituais pedagógicos

Qual tem sido a preocupação da escola em pensar atividades e rituais pedagógicos para o desenvolvimento de relações respeitosas, reconhecendo as diferenças raciais e valorizando a igualdade de direitos? Como a escola tem cumprido sua função em ajudar o alunado negro a construir positivamente sua identidade racial? Que estratégias a escola tem escolhido para que referenciais pluriétnicos sejam base para a construção das atividades diárias, respeitando o pertencimento de todos os alunos? De que forma a escola tem pensado estas atividades cotidianas no sentido de considerar as questões e problemas enfrentados pelos alunos e alunas na contemporaneidade, incluindo aí o racismo e as discriminações raciais? Como fazer a escola avançar no sentido de estruturar suas atividades estimulando a cultura da paz, proporcionando experiências pedagógicas para o aprendizado do respeito à diversidade, do viver em harmonia consigo mesmo e com os outros? Como tem sido pensado o trabalho com os conhecimentos científicos no sentido de, por intermédio deles, desfazer equívocos históricos, culturais e preconceitos construídos sobre os negros e sua cultura? Como tem sido estimulada a interação dialógica professor(a)/educando(a) como sujeitos ativos, construtores de conhecimento? Qual a análise crítica que tem sido feita sobre a forma como aparecem os personagens negros nos livros, na mídia e nas próprias produções escolares? Qual tem sido o posicionamento pedagógico da escola em relação aos textos que ainda aparecem, reforçando estereótipos atribuídos aos negros, sua história e sua cultura? Como a escola tem tratado pedagogicamente a realidade sociorracial brasileira? Tem mascarado a realidade, escamoteando a situação ou incorporando-o como tema de estudo? Quais as formas que a escola tem utilizado para representar por imagens a diversidade social, racial, econômica e estética cultural brasileira? Tem sido equânime e contemplado a todos? Em que medida o povo negro vem sendo representado em cartazes, murais, painéis nos diversos espaços escolares? Esta representação tem ajudado o alunado a construir referenciais positivos de identidade racial?

4.1.3. Quanto ao ambiente escolar

De forma prática, que estratégias a escola tem escolhido para trabalhar as atitudes de solidariedade, a participação, o respeito às diferenças e o desenvolvimento da crítica? Como a escola tem feito conhecer aos professores os principais documentos pedagógicos e enunciados legais que tratam sobre o pluralismo, o respeito às diferenças e a integração das diversidades na escola? Que ações têm sido escolhidas pela escola para diminuir a distância entre as proposições desses documentos e prática escolar cotidiana? De que maneira a questão racial e toda a diversidade presente no universo escolar é incorporada aos movimentos de reflexão sobre a prática pedagógica da escola? Que metodologias têm sido pensadas e incorporadas ao fazer pedagógico diário para a inclusão de todos os grupos, especialmente aqueles que historicamente têm sofrido discriminação também no ambiente escolar?

4.1.4. Quanto à relação professor/aluno

Como o trato pedagógico da diversidade tem sido visualizado e viabilizado pelos professores(as) da escola? Qual a visão dos professores quanto à necessidade de se ampliar, por meio de reflexão, formação e informação, seus conceitos quanto às desigualdades raciais presentes na educação? Os profissionais de educação têm tido oportunidades de reavaliar sua prática, refletindo sobre os valores e conceitos que eles próprios trazem introjetados sobre o negro e sua cultura? Como? Se não, que estratégias poderiam ser construídas nesse sentido? Quais as sequências práticas que a escola e seus professores têm empreendido no sentido de possibilitar a construção de uma relação ética e respeitosa baseada no entendimento do aluno como sujeito sociocultural? Qual tem sido o posicionamento da escola e de seus professores para não permitir que se estabeleça uma relação pautada apenas privilegiando uma visão etnocêntrica de mundo? Como a escola tem procurado incentivar e adotar o diálogo como base nas relações professor/educando? Quais as estratégias escolhidas pela escola e seus professores no sentido de ultrapassar a antiga pedagogia do professor como a única autoridade a ser ouvida e do aluno apenas como receptor de conteúdos a serem "repassados"? Como a escola tem avançado no sentido de respeitar as concepções, os padrões e os valores culturais dos estudantes com que trabalha, procurando estabelecer um diálogo com ele, levando em consideração sua faixa etária, suas características pessoais, religião e seus pertencimentos socioculturais.

4.1.5. Quanto às relações com a comunidade

Como a escola poderá transformar o tema racial em um trabalho coletivo com a participação das famílias, diretores, funcionários, grupos culturais e sociais da comunidade? Que estratégias serão usadas para que haja participação e ampliação de diálogo com os grupos sociais e culturais da comunidade? Que ações poderão ser pensadas, criando maiores oportunidades para os professores conhecerem a comunidade que trabalham, cortando definitivamente a possibilidade de tratá-la de forma estereotipada e estigmatizada? Como procurar estabelecer comunicação com os movimentos sociais negros para ajudarem a escola nos momentos de fundamentação teórica e troca de experiências sobre a questão racial? Como estabelecer diálogo efetivo com a comunidade colocando-a a par dos programas e projetos que serão desenvolvidos, democratizando informações? Como estabelecer parceria produtiva com a comunidade, conhecendo expectativas, necessidades, valores, costumes e manifestações culturais e artísticas, possibilitando um trabalho conjunto sobre o tema?

4.1.6. Quanto à expressão verbal escolar cotidiana

Como a palavra "negro" tem sido usualmente empregada pela escola por eufemismos? É substituída por medo de ofender? É usada como sinônimo de tudo o que é ruim, sujo e feio em contraposição à cor branca como representante do que é puro, bom e limpo? Como a escola poderá trabalhar pedagogicamente no sentido de eliminar termos preconceituosos como: "cabelo ruim" ao se referir ao cabelo crespo; "coisa está preta" como situação difícil; "negro de alma branca" como sinônimo de boa pessoa; e muitas outras expressões racistas? Como trabalhar alunos, professores(as) e funcionários no sentido de reconhecer que piadas sobre negros não são "apenas brincadeiras", mas sim expressão explícita do racismo?

4.1.7. Quanto à biblioteca, brinquedoteca e videoteca

Como criar e/ou organizar o acervo da biblioteca sobre a questão racial contemplando alunos e professores? De que maneira possibilitar aos professores acesso a vídeos que contemplem a questão racial, lutas e resistências, racismo e discriminações? De que forma organizar a brinquedoteca contemplando as dimensões multiculturais, inclusive com bonecas negras? Como organizar a biblioteca quanto à literatura infanto-juvenil, incluindo temas e personagens negros positivos, e como protagonistas, que sirvam de referência para o alunado afro-brasileiro? O resultado das reflexões e análises deverá converter-se em propostas efetivas, favoráveis a uma intervenção pedagógica eficiente e objetiva.

Como sugestão, apresentamos o quadro diagnóstico abaixo para registrar as reflexões e encaminhar objetivamente as propostas, montando coletivamente o plano escolar para inserção da questão racial no currículo da escola:

QUADRO 1 — DIAGNÓSTICO

PRIMEIRO MOMENTO: DIAGNÓSTICO
ASPECTO A SER ANALISADO: Quanto à biblioteca/brinquedoteca/videoteca   DATA: ___/___/___

	Situação atual	Proposta de mudança
1	Não existe livros atualizados sobre o assunto.	Adquirir bibliografia atualizada contemplando alunos e professores.
2		
3		
4		
5		
6		
7		
8		
9		
10		
11		
12		

4.2. Construção coletiva de uma proposta de intervenção. Pensar e fazer...

Ações... objetivos... metas... e indicadores de proficiência...

As ações precisam ser planejadas e articuladas de forma coletiva.

É preciso construir um plano de ação e, coletivamente, elaborar uma lista de ações a serem realizadas, estabelecendo prioridades, objetivos, prazos e indicadores de proficiência.

A construção de um quadro contendo as ações a serem empreendidas, as metas a serem alcançadas e seus objetivos com estabelecimento de prazos auxiliarão, objetivamente, sintonizando o pensar e o fazer.

É apresentada a seguir uma sugestão de quadro para este segundo momento de plano de ação.

QUADRO 2 — PLANO DE AÇÃO

SEGUNDO MOMENTO: PLANO DE AÇÃO
ASPECTO A SER ANALISADO: Quanto à biblioteca/brinquedoteca/videoteca   DATA:___/___/___

	Metas	Objetivos	Ações	Prazo J F M A M J J A S O N D
1	Prover a biblioteca com 200 títulos sobre a questão racial.	Possibilitar o trabalho dos professores e a aumentar o contato dos alunos com a cultura e personagens negros.	· Levantamento de títulos. · Orçamento nas editoras. · Providenciar a compra.	X (em J)
2				
3				

EXEMPLO

4.3. Os processos de implantação. Fazer acontecer...

Colocar em prática o pensado...

Execução das tarefas, definição de responsabilidades...

Ao implantar as ações que foram delineadas no plano de ação, isto é, colocar em prática o pensado, efetivar as mudanças necessárias e fortalecer ações pedagógicas quanto ao trato da questão racial é importante lembrar que:

a) Deve-se sempre reportar às concepções e documentos que possam orientar os propósitos do grupo, contextualizando-os com práticas escolares;

b) As ações não poderão ser assumidas por apenas um grupo, mas envolver toda a comunidade escolar;

c)As mudanças requerem um processo de reflexão/ação, orientadas por parâmetros que articulem as dimensões políticas e pedagógicas;

d) As verdadeiras e significativas mudanças não ocorrem de forma imediata, mas sim de maneira processual, contínua e muitas vezes, sequencialmente.

O plano de ação se desdobrará em várias tarefas com definição de responsabilidades e prazos. Estas serão partilhadas com toda a comunidade escolar confirmando um trabalho coletivo.

É apresentada a seguir uma sugestão de quadro para este terceiro momento de operacionalização.

QUADRO 3 — OPERACIONALIZAÇÃO

TERCEIRO MOMENTO: OPERACIONALIZAÇÃO DAS AÇÕES

ASPECTO A SER ANALISADO: Quanto à biblioteca/brinquedoteca/videoteca DATA:___/___/___

Ação	Tarefa	Responsável	Prazo												
			J	F	M	A	M	J	J	A	S	O	N	D
1	Lista de títulos para professores e para alunos.		Bibliotecária		X										
2	Orçamento nas editoras e livrarias.		Vice-diretora		X										
3	Compra dos títulos.		Diretora			X									

5. Redimensionar o caminho... Avaliação...

Medir resultados... Corrigir rumos...

Aperfeiçoar as ações...

Como saber se estamos atingindo os resultados propostos? Atingimos os objetivos programados inicialmente? Onde estamos errando ou acertando? Quais os pontos fortes e fracos do plano? O que precisa ser alterado?

A elaboração de quadros avaliativos servirá como referencial para determinar se as ações do plano estão sendo alcançadas, após um certo período de tempo.

É importante conduzir a avaliação de forma mais participativa possível, envolvendo professores, coordenadores, funcionários, direção, pais, grupos da comunidade e as próprias crianças e adolescentes. É necessário avaliar erros, mas também acertos e registrá-los.

A avaliação sistemática será útil no sentido de retroalimentar a tomada de decisões, corrigindo rumos, aperfeiçoando ações, mostrando possibilidades e limites no plano de ação.

QUADRO 4 — AVALIANDO O PLANO DE AÇÃO

TERCEIRO MOMENTO: AVALIANDO O PLANO DE AÇÃO

ASPECTO A SER ANALISADO: Quanto à biblioteca/brinquedoteca/videoteca   DATA:___/___/___

	Ação	Realização	Resultado	Entrave	Deliberações
1	Aumentar a quantidade de livros na biblioteca sobre questão racial.	Concluída.	Facilitou a pesquisa para os professores e alunos.		Adquirir mais títulos de literatura infanto-juvenil.
2					
3					
4					

A AVALIAÇÃO DEVE ORIENTAR AS AÇÕES NO COTIDIANO ESCOLAR E PROPICIAR MUDANÇAS DE ATITUDES...

LEGENDA	**VERDE** 7 a 8 itens. Siga em frente! Bom trabalho.	**AMARELO** 6 a 4 itens. Atenção! Reorganizar ações.	**VERMELHO** 4 a 0 itens. Cuidado! Reiniciar o trabalho.

- **HWEHWEMUDUA** – Símbolo de excelência, perfeição, conhecimento e qualidade superior.
- **TABONO** – Símbolo de fortaleza, confiança e persistência.
- **AKOMA** – Símbolo do amor, paciência, doação, lealdade e perseverança.

QUADRO 5

AVALIANDO RESULTADOS DO TRABALHO ESCOLAR

TRABALHO ESCOLAR	VERDE	AMARELO	VERMELHO
Dentre as práticas educativas foi discutida a pluralidade, o respeito às diferenças e a diversidade.			
A discriminação contínua por meio de apelidos jocosos e piadas grosseiras foi refletida e provocou mudança de comportamento no ambiente escolar.			
A escola criou estratégias pedagógicas fundamentadas teoricamente para acolhimento tanto do discriminado quanto do discriminador.			
Situações de desigualdades e discriminação presentes na escola e na sociedade foram tratadas pedagogicamente.			
Uso de elementos das culturas juvenis como ferramentas para alavancar discussões e ampliar a visão de mundo dos alunos.			
Discussão e estudo em grupos formados pelos professores visando a momentos de formação e ampliação de conhecimento sobre a questão racial.			
Avaliação dos pais sobre o trabalho desenvolvido.			
A diversidade étnico-cultural brasileira vivenciada respeitosamente por meio de situações concretas propostas pela escola.			

QUADRO 6

AVALIANDO RESULTADOS DO ENSINO DA HISTÓRIA DA ÁFRICA E DA CULTURA

ENSINO DA HISTÓRIA E DA CULTURA AFRO-BRASILEIRA E AFRICANA	VERDE ⊕	AMARELO ✚	VERMELHO ♡
História da África como fundamento para entendimento crítico da história do Brasil.			
Valorização e resgate da cultura africana no ambiente escolar.			
Estabelecimento de relações menos competitivas e mais solidárias na comunidade escolar como consequência do estudo de valores da cultura africana.			
Conhecimento das reais contribuições do grupo negro na construção do Brasil, nos costumes, na agricultura, alimentação, além das manifestações artísticas.			
Estudos dos reinos africanos, sua organização social, política, econômica e sua contribuição para a cultura mundial.			
Estudo da África sob a visão de Berço da humanidade e da civilização mundial. Estudo crítico da Partilha do continente africano pelos países do Ocidente.			

QUADRO 7

AVALIANDO A INSERÇÃO DO TEMA NO CURRÍCULO

CURRÍCULO	VERDE ⊕	AMARELO ✚	VERMELHO ♡
Conhecimento do texto da Lei nº 10.639/03.			
História da África e dos Afro-Brasileiros como tema transversal.			
Proposta sobre o tema contida no plano curricular.			
Visão não estereotipada da África, seu povo e sua cultura.			
Conhecimento e valorização da cultura africana e Afro-Brasileira.			
Desenvolvimento de forma positiva de relações étnico-raciais no cotidiano.			
Desenvolvimento dessa educação nas diversas disciplinas e/ou por meio de projetos e níveis de ensino.			
Conhecimento sobre a trajetória histórica de resistência do povo negro.			
Conhecimento das organizações negras – suas siglas e nomes, seus objetivos e contribuições.			

QUADRO 8

AVALIANDO O USO DO MATERIAL DIDÁTICO

MATERIAL DIDÁTICO	VERDE	AMARELO	VERMELHO
Análise crítica quanto às imagens e textos.			
Disponibilização de recursos didáticos adequados para o trabalho com a questão racial.			
Quantidade de títulos sobre o tema disponíveis na biblioteca visando a atender alunos e professores.			
Disponibilização de variedade de brinquedos contemplando a dimensão racial (por exemplo, bonecas negras).			
A formação étnica da sociedade brasileira foi retratada nos murais, cartazes, painéis, enfim, na decoração escolar, respeitando a porcentagem real da população negra.			

QUADRO 9

AVALIANDO O TRATO PEDAGÓGICO DA QUESTÃO RACIAL

TRATO PEDAGÓGICO DA QUESTÃO RACIAL	VERDE	AMARELO	VERMELHO
Questão racial como assunto multidisciplinar e transdisciplinar.			
Questão racial estudada de forma reflexiva e crítica, contextualizando situações da vida cotidiana e experiências de vida.			
Conhecimento sobre as questões raciais que são estabelecidas no Brasil e na própria escola.			
Número de professores que perceberam que não existe possibilidade de se manterem neutros quanto à abordagem de questões raciais na escola.			
Conhecimento de palavras ligadas ao conteúdo sociorracial contemporâneo fazendo parte do vocabulário de professores e alunos.			
Atitudes positivas de alunos quanto ao seu pertencimento racial, diante de fatos de sua realidade procurando alternativas e caminhos para transformá-la.			
Envolvimento coletivo da comunidade quanto às questões raciais.			

QUADRO 10

AVALIANDO O POSICIONAMENTO DOS ALUNOS

POSICIONAMENTO DOS ALUNOS	VERDE	AMARELO	VERMELHO
Envolvimento dos alunos negros nas atividades escolares.			
Diminuição do índice de infrequência de alunos negros.			
Interesse dos alunos negros pela escola e pelas aulas.			
Participação produtiva dos alunos negros nas assembleias de alunos, grêmios e atividades culturais e cívicas da escola.			
Diminuição dos incidentes disciplinares envolvendo conflitos raciais rotineiros e diminuição do comportamento de desprezo aos colegas negros.			
Relatos de pais sobre mudanças positivas de atitudes ou comportamentos das crianças e adolescentes em casa e em seu grupo social quanto à aceitação e ao respeito às diferenças.			
Autoidentificação do próprio pertencimento racial sem constrangimentos, como também aumento da consciência de que branquitude não significa superioridade e nem negritude, inferioridade, mas sim representação de identidades.			
Melhora da autoestima manifestada pelo maior cuidado com a higiene, estética, vestuário e postura corporal.			

QUADRO 11

AVALIANDO A QUALIDADE DAS RELAÇÕES ÉTNICO-RACIAIS NA ESCOLA

AS RELAÇÕES ESCOLARES	VERDE	AMARELO	VERMELHO
Diminuição do uso de apelidos depreciativos para negros e outros grupos.			
Uso de eufemismo para designar o pertencimento racial de negros (moreninhos, escurinhos, etc.).			
Atenção à linguagem cotidiana usando comparações com a cor negra como símbolo do que é ruim e a cor branca como símbolo do que é bom.			
Uso de falas diretas de respeito e valorização do grupo negro e sua cultura por parte dos educadores.			
Envolvimento da comunidade escolar para melhorar o nível das relações raciais no ambiente da escola.			
Vivências efetivas de experiências pedagógicas que os ajudem a desenvolver valores essenciais para convivência entre as diferenças.			
Interesse dos professores em conhecer a comunidade em que trabalham, visualizando-a de forma não estigmatizada e estereotipada.			
Intervenção competente e teoricamente embasada nos momentos em que alunos negros passam por situações vexatórias de discriminação e racismo.			

Tem-se, portanto, a urgência de construir novos paradigmas educacionais que não tenham como modelo o eurocentrismo. Concepções e princípios excludentes não são mais desejados.

Alguns indicativos, observando-se aspectos da prática educativa diária, poderão auxiliar a avaliação do plano de ação implantado e também balizar o aprimoramento do processo de reflexão da comunidade escolar. Senão, vejamos:

5.1. Tomada de decisão

Limites e possibilidades...

Para analisar os limites e as possibilidades, podemos usar como estratégia medir os resultados alcançados identificando os pontos que têm interferido negativamente na aplicação do plano. Esta ação contribuirá para retroalimentar a tomada de decisões. É importante também detectar os pontos de excelência e socializá-los partilhando o sucesso com o coletivo escolar.

Apresento como sugestão:

"O caminho se faz ao caminhar..."

"[...] E no calor dessa esperança
Se caminha...
Onde 'eu' se transforma em 'nós'
Onde, no calor de cada voz
Abre-se o rumo para uma nova escola:
Porta-voz de muitos 'eus'
Ao encontro de todos nós."

(Boris Rocé)

LEGENDA	VERDE Siga em frente! Bom trabalho.	AMARELO Atenção! Reorganizar ações	VERMELHO Cuidado! Reiniciar o trabalho	⊤⊤⊤ VERDE	✚ AMARELO	♡ VERMELHO
1	Trabalho escolar.					
2	Ensino da História e da Cultura Afro-Brasileira.					
3	Inserção do tema no currículo.					
4	Uso de material didático.					
5	Trato pedagógico da questão racial.					
6	Posicionamento escolar dos alunos negros.					
7	Qualidade das relações étnico-raciais na escola.					
8	Total					

AVALIAÇÃO GERAL	Tome como referência a soma dos itens verdes mais os itens amarelos:
VERDE	50 a 56 pontos: Siga em frente! Bom trabalho.
AMARELO	17 a 49 pontos: Atenção! Reorganize algumas ações.
VERMELHO	16 a 0 pontos: Cuidado! Reinicie o trabalho.

Após avaliar os resultados, decisões terão que ser tomadas em relação ao plano de intervenção pedagógico quanto à questão racial, implantado pela escola. Apresenta-se como sugestão elaborar um relatório sobre cada item que foi avaliado. Este deve constar aspectos significativos dessa avaliação feita, apontando para as novas estratégias que deverão ser constituídas no prosseguimento com o trabalho no cotidiano escolar.

Reitera-se a importância do trabalho coletivo também no momento de elaborar as decisões que serão tomadas.

4ª Parte
Oficinas de Sensibilização

– Nossa! A Lei 10.639/03 que estamos estudando no grupo de estudos de minha escola tem ampliado minha visão sobre as várias diversidades presentes em nossa sociedade.

"[...] Por trás dos heróis titãs
Por trás das seitas da humanidade
Por trás dos números e dos arranha-céus
Por trás dos cartazes de neon.
Por trás, estão as pessoas...
Com suas pequenas campanhas
Suas pequenas façanhas
Cada um do seu jeito
Cada qual com seus trejeitos
Por trás estamos todos
Por trás estão as pessoas."

(Joan M. Serrot, adaptação)

6. Oficinas de sensibilização

> "Para obter êxito, a escola e seus professores não podem improvisar [...] Temos, pois, pedagogias de combate ao racismo e discriminações por criar..."
>
> (Diretrizes Curriculares Nacionais para a Educação das Relações Étnico-Raciais e para o Ensino de História e Cultura Afro-Brasileira e Africana)

A construção de pedagogias de combate ao racismo e a discriminação, incluindo no contexto escolar estudos e atividades que promovam a educação das relações étnico-raciais positivas, vão demandar profissionais de educação qualificados no sentido de domínio dos conteúdos, mas principalmente educadores sensíveis e capazes de direcionar positivamente as relações entre pessoas de diferentes pertencimentos étnico-raciais.

É preciso, então, criar possibilidades para que estes recebam formação que os capacite, não só sobre os conhecimentos relativos à questão racial, mas também quanto ao reconhecimento da importância do assunto e como lidar positivamente com ele.

A utilização de dinâmicas durante as oficinas para a sensibilização de professores quanto à importância da temática racial favorece um clima de interação de pares, de protagonismo, de troca de experiências, de dinamização da vontade entre os educadores participantes. É uma oportunidade de seduzi-los pelo lúdico.

Trabalhando com dinâmicas entre os educadores da escola, pode-se despertar o conhecimento de seus próprios valores, e mais: conhecer técnicas e metodologias que poderão ser utilizadas em seu fazer pedagógico diário com os(as) estudantes.

Ficam, pois, estas oficinas, como sugestão, acreditando no potencial criativo inerente dos educadores para enriquecê-las, reelaborá-las, ampliá-las e criar outras de acordo com sua realidade escolar.

6.1. Interação da escola com a população negra

OFICINA BESE SAKA[6]

"[...] meu papel no mundo não é só o de quem constata o que ocorre, mas também o de quem intervém como sujeito de ocorrências. Não sou apenas objeto da História, mas seu sujeito igualmente. [...] Não posso estar no mundo de luvas nas mãos constatando apenas. A acomodação em mim é apenas caminho para a inserção, que implica decisão, escolha, intervenção na realidade."
(Paulo Freire)

---

[6] Bese Saka – Símbolo gráfico Adinkra que tem como significado a opulência, abundância, companheirismo e unidade.

Objetivos do Encontro

- Provocar reflexão sobre a questão racial e o cotidiano escolar;
- Identificar atitudes discriminatórias e equivocadas ainda presentes no universo escolar;
- Levantar possibilidades de reversão destas situações;
- Incentivar a criação de um plano de ação escolar de reeducação das relações étnico-raciais.

Material e Recursos Necessários:

- CD de músicas africanas ou afro-brasileiras ou que tragam mensagens positivas sobre a questão racial;
- Palavras ligadas à cultura africana/afro-brasileira em quantidade relativa ao número de participantes;
- Textos de reflexão;
- Papel sulfite-canetas;
- Glossário;
- Letra da música: *We are the world*.

Tempo previsto: três horas

Número de participantes: 35 pessoas

6.1.1. Passos

No primeiro momento – Acolhimento:

a) acolher os participantes com música, entregando a cada um deles uma palavra ligada à cultura africana ou afro-brasileira;

b) Leitura do texto: "13 de Maio";

c) cada participante da oficina se apresenta (se necessário) e expressa em três frases o que a palavra recebida o inspirou ou seu conhecimento (ou desconhecimento) sobre ela;

d) após todos se expressarem, entregar a cópia xerox do glossário a cada um, que lerá o significado da palavra recebida em voz alta.

No segundo momento – Trabalho Coletivo:

a) ao som da música, os participantes deverão formar grupos de acordo com os símbolos junto às palavras recebidas no acolhimento;

b) cada grupo receberá um texto de reflexão;

c) apresentar aos grupos o cartaz com as seguintes questões:

> Interação da escola com a população negra
>
> ✽ Como a escola tem interagido com o grupo racial negro?
>
> ✽ De acordo com o texto recebido, que atitudes discriminatórias foram expressas pela escola?
>
> ✽ O que podemos fazer em nossa escola para mudar esta realidade?;

d) o grupo deverá discutir as questões, registrar as sínteses e apresentá-las em plenária;

e) para facilitar os trabalhos, deverá ser escolhido um cronometrista e um representante/orador de cada grupo.

No terceiro momento – Encerramento:

a) ouvir a música *We are the world*, acompanhando silenciosamente a letra da música;

b) cantar em grupo, enquanto o dirigente incentiva os participantes a se cumprimentarem e partilharem a alegria de ser um grupo capaz de contribuir positivamente para a transformação da sociedade;

c) ao abraçar o colega, os(as) participantes deverão dizer uma palavra que sintetize os sentimentos experimentados neste encontro;

d) entregar à saída um cartãozinho de incentivo que expresse a importância da participação no encontro e as atitudes no cotidiano escolar pós-encontro.

6.1.2. Suporte para o dirigente do encontro

a) **Sugestão de músicas:**

✽ *Maurício Tizumba,* CD Tambor Mineiro;

✽ *Berimbrown,* CD Irmandade;

✽ *África Gerais,* de Maurício Tizumba.

✽ *Rita Silva,* CD Encontros Inusitados;

✽ *Elzelina Doris,* CD Doris Canta Samba.

b) Sugestão de palavras ligadas à cultura afro-brasileira:

Axé	Resistência	Identidade	Tradição
Negritude	Orixá	Sincretismo	Miscigenação
Nagô	Samba	Candomblé	Congado
Egito	Escravização	Remanescente	Racismo
Quilombo	Consciência Negra	Banto	Banzo
África	Lei	Cultura Negra	Igualdade
Realidade	Discriminação	Origem	Maracatu
Zumbi	Democracia	Auto-estima	Democracia Racial
Escravo	Solidariedade	Sudaneses	Embranquecimento

c) Textos para Reflexão:

❈ 13 de Maio (*Almanaque Pedagógico Afro-Brasileiro:* Uma proposta de intervenção pedagógica na superação do racismo e no cotidiano escolar. Rosa Margarida de Carvalho Rocha. Belo Horizonte: Mazza Editora, 2004. p. 113);

❈ *História da Preta* (Heloisa Pires Lima. Cia. das Letrinhas, 1998). (Apelidos – O Dicionário – Os Invisíveis);

❈ Escola, espaço de luta contra a discriminação (*In: Grupo de Trabalho para Assuntos Afro-Brasileiros*, Secretaria de Educação. São Paulo: Secretaria de Educação do Estado. Maio, 1988).

6.2. Refletir... Ressignificar... Reconstruir

OFICINA SANCOFA[7]

Objetivos do Encontro

- Refletir sobre o trato da questão racial no cotidiano escolar;
- Possibilitar a construção de ações cotidianas contemplando as relações étnico-raciais.

Material e Recursos Necessários:

- CD com músicas africanas ou afro-brasileiras;
- Cartões com os "Direitos Essenciais da Criança Negra na Escola";
- Poesia: *20 de Novembro*;
- Cartaz com as palavras: "Concordo" – "Discordo";
- Cartaz com frases para debate;
- História: "Sapatá se esquece de trazer água para a Terra";
- Cartões de incentivos;
- Folha sulfite, canetas.

Preparação:

Sala com cadeiras que facilitem escrever e que possam ser deslocadas de lugar.

Tempo previsto: três horas
Número de participantes: 35 pessoas

6.2.1. Passos

No primeiro momento – Acolhimento:

a) acolher os participantes com música, entregando a cada um, na entrada, um direito contido na "Declaração dos Direitos Essenciais da Criança Negra na Escola";

b) leitura da poesia: *20 de Novembro*;

---

[7] Sancofa: Símbolo gráfico Adinkra que tem como significado retornar às origens – pegar o que ficou para trás.

c) após a leitura feita pelo dirigente, os participantes deverão formar grupos de acordo com o "Direito" recebido;

d) após a formação dos grupos, será feita uma leitura dos "Direitos Essenciais da Criança Negra na Escola" em forma de jogral pelos grupos;

e) cada grupo deverá fazer um comentário sucinto sobre o "Direito" recebido e a realidade do cotidiano da sua escola.

No segundo momento – Dinâmica de Reflexão: "Concordo – Discordo."

O dirigente deverá ter um cartaz com as palavras escritas em letras grandes, em lados antagônicos da sala:

CONCORDO   **DISCORDO**

a) O dirigente deverá apresentar o cartaz e ler em voz alta uma frase para reflexão do grupo;

a) Ao ler a frase, cada participante deverá se posicionar do lado da sala que corresponde com a sua opinião; isto é, concorda ou discorda da frase;

a) O dirigente deverá escolher um representante de cada grupo (dos concordantes e dos discordantes) para expressar sua opinião, estabelecendo diálogo entre os dois grupos;

a) Após as falas dos grupos, o dirigente lê a explicação que está escrita atrás da frase apresentada e passará para outra frase recomeçando o procedimento até que as frases tenham sido trabalhadas com o grupo;

a) Cada grupo formado anteriormente deverá escolher uma frase para si e responder à pergunta que está escrita atrás da frase;

a) Cada grupo deverá escrever uma ação que poderá ser feita na escola para contemplar o "Direito Essencial da Criança Negra na Escola" que o grupo recebeu no início da dinâmica;

a) O dirigente organizará a socialização das respostas e sugestões para todo o serviço;

No terceiro momento – Encerramento:

b) O dirigente deverá contar a história "Sapatá esquece de trazer água para a Terra";

b) Entregar à saída de cada participante o "Cartão de incentivo" reforçando a importância de sua tomada de posição na luta por melhor qualidade de ensino para todos.

6.2.2. Suporte para o dirigente

a) Sugestões de música: *A música da África*, da Coleção Caras (CD)

Debate:

FRENTE

OS PROFESSORES SÃO RESISTENTES EM TRATAR A QUESTÃO RACIAL NA ESCOLA.

VERSO

Tratar a questão racial no ambiente escolar é uma questão de justiça social, de direitos humanos. Tratar de problemas cotidianos e relacioná-los aos conteúdos escolares é conferir qualidade ao ensino.

Pergunta:
O que poderemos fazer na escola para ajudar os colegas a quebrarem essa resistência?

A LEI 10.639 NÃO PODERÁ INFLUIR NO ÂMBITO DAS RELAÇÕES RACIAIS NO BRASIL.

A Lei Federal nº 10.639, sancionada em 9 de janeiro de 2003, institui o Ensino da História e da Cultura Africana e Afro-brasileira no Currículo Escolar do território brasileiro. Ela vem modificar a Lei de Diretrizes e Bases da Educação Nacional em seu Art. 26-A.

Pergunta:
"Em nossa escola todos conhecem esta lei? O que podemos fazer para conhecer melhor a Lei nº 10.639?"

TODO MATERIAL DIDÁTICO-PEDAGÓGICO CONTENDO PRECONCEITOS, ESTEREÓTIPOS E DISCRIMINAÇÕES DEVE SER BANIDO DO AMBIENTE ESCOLAR.

É necessário que os professores sejam capacitados para fazer uma análise crítica dos materiais pedagógicos, textos, representações e atividades dos livros didáticos que possam apresentar discriminações com o povo negro. O material que não puder ser retirado de uso deverá ser objeto de análise juntamente com os alunos.

Pergunta:
"O material pedagógico em nossa escola tem contemplado com dignidade todos os grupos formadores da cultura do Brasil? Temos analisado as posições discriminatórias de alguns livros didáticos que ainda apresentam discriminação?"

FRENTE	VERSO

TRATAR A QUESTÃO RACIAL NA ESCOLA É UMA FORMA DE EVIDENCIAR A DIFERENÇA E ISTO É DISCRIMINAÇÃO.

Tratar a questão racial na escola é uma forma de ampliar a consciência política da diversidade étnico-racial e cultural brasileira bem como ampliar o conceito de democracia em nosso país. Desta forma o assunto deverá constar como conteúdo escolar ajudando os alunos a compreenderem melhor os porquês das condições de vida dos grupos sociais oprimidos e as situações de desigualdade, propondo a todos o estabelecimento de relações humanas mais fraternas e a luta por quaisquer injustiças presentes na sociedade.

Pergunta:
"A realidade de nossos alunos tem servido como instrumento de reflexão em nossa escola?"

A ESCOLA PÚBLICA BRASILEIRA NÃO É EXCLUDENTE, POIS HÁ VAGAS PARA TODOS QUE DESEJAM ESTUDAR.

É preciso ultrapassar a política da oferta de vagas. A educação como instrumento para fortalecer a promoção e a cidadania deve garantir permanência e sucesso escolar para todos os alunos. Crianças negras têm vivenciado nas escolas práticas pedagógicas e posicionamentos que vêm dificultando o desenvolvimento pleno de suas potencialidades. Incluir significa, além de garantir o acesso, proporcionar a permanência e o sucesso escolar indistintamente a todos os alunos.

Pergunta:
"Temos construído em nossa escola estratégias pedagógicas para visualizar positivamente as diversidades (incluindo a racial) presentes no universo escolar? O que temos feito? Se não tivermos feito nada, o que poderemos fazer?"

CONSCIÊNCIA NEGRA, PRECONCEITO E DISCRIMINAÇÃO SÃO ASSUNTOS DOS NEGROS.

É um equívoco a ser superado. A luta pela superação do racismo e da discriminação racial é assunto e tarefa para todos, independentemente de seu pertencimento étnico-racial, crença religiosa ou posição política. Os efeitos nefastos do racismo e da discriminação incidem sobre negros e não negros.

Pergunta:
"Qual tem sido o posicionamento de nossa escola diante de manifestações de racismos e atitudes discriminatórias entre alunos/alunos, alunos/funcionários e alunos/professores? Como poderemos avançar neste sentido?"

A QUESTÃO RACIAL É CONTEÚDO DA ÁREA DE HISTÓRIA.

A questão racial deverá ser conteúdo de todas as áreas de ensino. Cada área deverá dar a sua contribuição para erradicar o racismo e construir relações positivas.

Pergunta:
"Como temos tratado a questão racial em nossa escola? Como avançar?"

c) Cartões da "Declaração dos Direitos Essenciais da Criança Negra na Escola" (Rosa Margarida)

Direito 1
"Toda criança negra tem o direito de encontrar na escola um espaço prazeroso de informação, formação e socialização, onde ela possa construir positivamente sua identidade e orgulhar-se dela."

Direito 2
"Fica garantido à criança negra o direito de viver e conviver em igualdade de condições com todas as etnias, vendo a história de seu povo também sendo contada, sua cultura valorizada e reconhecidos os reais legados de seus ancestrais africanos para todo o povo brasileiro."

Direito 3
"Fica decretado que toda criança negra terá garantido o seu sucesso escolar porque todo educador deverá, em sua formação profissional, ser preparado para lidar com os conteúdos necessários ao conhecimento histórico e cultural do povo negro, fazendo também uma autoanálise e autocrítica sobre os valores e conceitos que ele próprio traz introjetados sobre esta cultura e seu povo."

Direito 4
"Fica garantida a todas as crianças negras a alegria de ver sua imagem representada nos livros e textos didáticos, nos cartazes e murais da escola. Fica decretada a visibilidade dos negros e negras nas festas e cerimônias cívicas dentro do ambiente escolar."

Direito 5
"A criança negra tem direito a ser respeitada em sua dignidade humana. Fica proibida a veiculação, na escola, de textos contendo preconceitos e estereótipos que possam inferiorizar o povo negro. Ficam valendo apenas aqueles que levem todos os alunos a desenvolver atitudes democráticas e de respeito às diferenças, reconhecendo e valorizando a diversidade étnico-cultural brasileira."

Direito 6
"Ficam estabelecidos o fim do silêncio que tem envolvido a questão racial na escola; do etnocentrismo tendo como base as culturas europeias; o fazer pedagógico desvinculado da realidade do aluno sem levar em conta os documentos pedagógicos e as políticas voltadas para as classes populares."

Direito 7
"Portanto, fica decretado que se criem possibilidades a todas as crianças negras de se construírem cidadãs plenas, interagindo em sua realidade, sendo capazes de transformá-la, revertendo sua situação de exclusão, modificando significativamente as estatísticas negativas quanto a seu sucesso escolar."

d) Poesia

20 de Novembro

Criança morena
ou de pele bem negra
seu dia é hoje
é dia de raça!
Levante a cabeça
vislumbre as estrelas
acorde o Zumbi
que existe em você.
Seu povo carece
da força escondida
da esperança contida
em seu coração!
Levante bandeiras
exponha seu ego
não tenha vergonha
de ser o que é...
Criança bem linda
de história sofrida
de raça bem forte
que sabe vencer!

(Rosa Margarida de Carvalho Rocha)

e) História: Sapatá se esquece de trazer água para a Terra

SAPATÁ SE ESQUECE DE TRAZER ÁGUA PARA A TERRA

Sapatá e Sobô eram irmãos.

Depois da criação, o Criador se cansou de trabalhar
e determinou que Sapatá e Sobô governassem por ele.

Mas houve uma briga entre os irmãos e Sapata, então, resolveu a ir morar
na Terra com a riqueza que ele achou importante carregar e isto lhe trouxe
prestígio entre os homens. Ele virou o rei da humanidade.

Mas a chuva parou de cair na Terra e
os humanos começaram a reclamar de Sapatá.

Muitos estavam a morrer de fome por causa da seca.

Sapata, então, pediu ajuda a dois adivinhos
para descobrir por que não chovia.

Eles usaram os instrumentos de adivinhação de Ifá, que revelaram que havia
uma grande discórdia entre dois irmãos que desejavam ter as mesmas coisas.

Os dois adivinhos recomendaram a Sapatá
levar oferendas para seu irmão Sobô para acalmá-lo.

Assim ele fez, e um pássaro chegou ao céu e entregou a oferenda a Sobô.
Ele a recebeu, perdoou e mandou dizer a Sapatá que ele havia sido muito
ambicioso, levando para si todas as riquezas do pai deles, mas que
tinha sido tolo, pois se esquecera de levar o principal: o fogo e a água.

"Sem água e sem fogo ninguém pode governar,
ainda que tenha muitas riquezas."

Naquele momento, uma chuva forte e benfazeja
caiu sobre a Terra e os dois irmãos se reconciliaram.

(Adaptação: *Mitologia dos Orixás*. Reginaldo Prandi. São Paulo: Companhia das Letras, 2001. p. 210).

Questões:

– Quantas vezes em nossas vidas tomamos esta mesma decisão. No trabalho, na vida diária, temos procurado nossas escolhas não esquecendo o principal?

– Em nossa escola, temos levado em conta, na rotina diária, o principal: o aluno?

– Quem são os estudantes de nossa escola?

– Que tal levantar um perfil social, econômico e racial dos estudantes de nossa escola?

– Não esqueçamos o principal!

Considerações e Conclusão

"Docência não é profissão de educador, é apenas uma estratégia profissional. Ser profissional, no caso do educador, é dominar as habilidades, as capacidades, as competências, os instrumentos e os valores para resolver e garantir as aprendizagens dos alunos e que eles o façam com felicidade."

(Bernardo Toro)

Considerações

Procurando sintetizar e amarrar as reflexões que se pretendeu desenvolver ao longo deste texto, sobre que referenciais e princípios poderiam nortear o trabalho escolar, pensando numa dimensão onde o cotidiano escolar expressasse uma pedagogia da diversidade, contemplando uma educação antirracista, concluo que a escola poderá:

a) Cumprir o papel social, promovendo equidade, resgatando valores éticos e novos posicionamentos estendendo o conceito de democratização escolar, incorporando a dimensão racial ao currículo e orientando o desenvolvimento da Educação das relações étnico-raciais;

b) Promover uma educação antirracista consolidando, em suas práticas, a valorização da diversidade étnico-racial, garantindo respeito às diferenças e visualização positiva da cultura Afro-brasileira;

c) Orientar seus profissionais no sentido de demonstrar, em sua prática pedagógica diária, o reconhecimento da função social da escola, ampliando sua consciência sobre a importância e o reflexo da atuação docente na vida da comunidade em que atua;

d) Acolher os novos paradigmas educacionais sobre a diversidade, colocando-se por intermédio de seus profissionais como aprendiz quanto ao tema racial, completando sua formação acadêmica;

e) Consolidar uma cultura escolar cotidiana de reconhecimento e respeito ao repertório cultural do povo negro, possibilitando o conhecimento da Lei nº 10.639/03, bem como das Diretrizes Curriculares Nacionais para a Educação das Relações Étnico-raciais e para o Ensino de História e Cultura Afro-brasileiras e Africanas;

f) Tratar, pedagogicamente, as diferenças e a diversidade como elementos positivos e enriquecedores do processo educativo, construindo estratégias positivas de luta contra toda forma de racismo e discriminação;

g) Criar clima favorável à socialização dos estudantes negros atentando para suas características pessoais, etárias, socioculturais e étnicas, relacionando-as ao seu processo de construção de conhecimento;

h) Traçar diálogos entre o tema étnico-racial com os demais conteúdos trabalhados na escola e a vida diária dos(as) estudantes, proporcionando, assim, posicionamentos mais críticos de intervenção em sua realidade, transformando-a, se necessário;

i) Concretizar uma proposta de currículo vinculado à realidade brasileira de diversidade e pluralismo, valorizando as relações escolares cotidianas com a comunidade, expressando esteticamente, por meio da iconografia dos textos, desenhos e materiais pedagógicos, a diversidade étnica e cultural brasileira;

j) Repensar sobre a rotina, os rituais pedagógicos e/ou as efemeridades escolares no sentido de impedir que estas se transformem em momentos de discriminação e constrangimento para os estudantes negros e negras;

k) Estabelecer conexão entre postulações pedagógicas contemporâneas sobre os processos educacionais, construção do conhecimento, características da fase de desenvolvimento em que se encontram os estudantes do Ensino Fundamental, com as marcas identitárias raciais dos estudantes negros que podem influenciar em seu processo educativo e tratar pedagogicamente a questão;

l) Pensar o processo educacional utilizando como referencial a cultura, o jeito de ser no mundo e de fazer as coisas que caracterizam os vários grupos étnico-raciais componentes da população brasileira.

Acredito que, se todo o processo educacional se entrecruzar dialogicamente com práticas pedagógicas que levem em consideração os sujeitos de aprendizagem (e especialmente negros, secularmente discriminados), os sistemas de ensino cumprirão seu papel social de ensinar numa perspectiva de equidade e qualidade.

Conclusão

Ouço um novo canto
Que sai da boca
De todas as raças
Com infinidade de ritmos...
Canto que faz dançar
Todos os corpos
De formas
E coloridos diferentes.
Canto que faz vibrar
Todas as almas
De crenças
E idealismos desiguais.
É o canto da liberdade
Que está penetrando
Em todos os ouvidos.

(Solano Trindade)

Concluo este trabalho em que, pretensiosamente, desejei sugerir, apontar caminhos, indicar direções consistentes no sentido de contribuir para o processo atual de transformação da sociedade e da educação. Espero que ele se junte aos milhares de outros produzidos por brasileiros que, bravamente lutam, a exemplo de nossos ancestrais negros, refletem e produzem sobre o assunto, persistindo e partilhando utopias. "Não é a resignação, mas na rebeldia em face das injustiças que nos afirmamos" (FREIRE, 1996, p. 87). É assim que, humildemente, este trabalho quer se colocar: ser mais um instrumento para o aprimoramento de reflexão sobre o trato da questão racial no cotidiano escolar.

Mais uma vez, faz-se uso das palavras do sábio mestre Paulo Freire: "A mudança do mundo implica a dialetização entre a denuncia de situação desumanizante e o anúncio de sua superação, no fundo do nosso sonho [...] mudar é difícil, mas é possível".

É preciso acreditar nisso...

Rosa Margarida

Referências Bibliográficas

BELO HORIZONTE. PREFEITURA MUNICIPAL DE BELO HORIZONTE. Secretaria Municipal de Educação. *Escola Plural:* Proposta Político-Pedagógica da Rede Municipal de Ensino de Belo Horizonte. Belo Horizonte: SME,1995.

BELO HORIZONTE. PREFEITURA MUNICIPAL DE BELO HORIZONTE. Secretaria Municipal de Educação. *Infância:* o primeiro ciclo de idade de formação. Belo Horizonte: SME,1994.

BORGES, Tereza Maria Machado. *A criança em idade pré-escolar:* desenvolvimento e educação. Uberaba: Rotal Editora e Gráfica, 1991.

BRANDÃO, André Augusto P. (Org.). Programa de Educação sobre o Negro na Sociedade Brasileira. Cadernos PENESB. Niterói: Ed. Universidade Federal Fluminense, n. 5, 2004.

BRASIL. *Constituição da República Federativa do Brasil:* 1988. Brasília: Câmara dos Deputados, Coordenação de Publicações, 2000. (Série Textos Básicos; n. 2).

BRASIL. *Lei 10.639*, de 9 de Janeiro de 2003. *DOU*, Brasília, 10 jan. 2003.

BRASIL. *Lei de Diretrizes e Bases*. SINPRO-MG, 1997. Encarte Especial: Extra Classe 83.

BRASIL. MINISTÉRIO DA EDUCAÇÃO. Secretaria de Educação Fundamental. *Parâmetros Curriculares Nacionais:* primeiro e segundo ciclos do Ensino Fundamental. Brasília: MEC/SEF, 1997.

BRASIL. MINISTÉRIO DA EDUCAÇÃO. *Rede de Desenvolvimento Humano.* Quilombos – Espaços de Resistência de Homens e Mulheres Negros - Schuma Schumaher (Coord.). Brasília: MEC/SECAD.

BRASIL. MINISTÉRIO DA EDUCAÇÃO. *Superando o Racismo na Escola.* Organização de Kabengele Munanga. Brasília: Ministério da Educação/ Secretaria de Educação Continuada, Alfabetização e Diversidade, 2005.

CASA DE CULTURA DA MULHER NEGRA. *Revista Eparrei*, Santos – SP, n. 2, 2001.

CASHMORE, Ellis. *Dicionário das relações étnicas e raciais.* São Paulo: Sammus, 2000.

CENTRO DE ESTUDOS DAS RELAÇÕES DE TRABALHO E DESIGUALDADES. *Políticas de promoção da igualdade racial na educação:* exercitando a definição de conteúdos e metodologias. São Paulo: CEERT, 2005.

CHIAVENATO, Júlio José. *O negro no Brasil:* da senzala à abolição. São Paulo: Moderna, 1999. (Coleção Polêmica).

CONSELHO NACIONAL DE PROMOÇÃO DA IGUALDADE RACIAL, 1, 2005, Brasília. *Estado e Sociedade:* promovendo a igualdade. Brasília: Secretaria Especial de Políticas de Promoção da Igualdade Racial, 2005.

CUNHA JÚNIOR, Henrique. As Estratégias de combate ao racismo. Movimentos Negros na Escola, na Universidade e no pensamento Brasileiro. In: MUNANGA, Kabengele (Org.). *Estratégias e políticas de combate à discriminação racial.* São Paulo: Estação Ciência, 1996.

FERREIRA, Ricardo Franklin. A construção da identidade do afro-descendente: a psicologia brasileira e a questão racial. In: BACELAR, Jeferson; CAROSO, Carlos (Org.). *Brasil: um país de negros?* 2. ed. Rio de Janeiro: Pallas; Salvador- BA: CEAFRO, 1999.

FONSECA, Marcus Vinícius. As primeiras práticas educacionais com características modernas em relação aos negros no Brasil. In: PINTO, Regina Pahin; SILVA, Petronília Beatriz Gonçalves e. *Negro e educação:* presença do negro no sistema educacional brasileiro. São Paulo: Ação Educativa, 2001.

FREIRE, Paulo. *Pedagogia da Autonomia:* saberes necessários à prática educativa. São Paulo: Paz e Terra, 1996. (Coleção Leitura).

GOFFMAN, Erving. Escola da diversidade étnico-cultural: um diálogo possível. In: DAYRREL, Juarez. *Múltiplos olhares sobre a educação e cultura.* Belo Horizonte: Ed. UFMG, 1996.

GOMES, Nilma Lino. Educação cidadã, etnia e raça: o trato pedagógico da diversidade: In: CAVAL-LEIRO, Eliane (Org.). *Racismo e Anti-racismo na Educação:* repensando nossa Escola. São Paulo: São Luiz, 2001.

GOMES, Núbia Pereira de Magalhães; PEREIRA, Edmilson de Almeida. *Ardis da Imagem:* exclusão étnica e violência nos discursos da cultura brasileira. Belo Horizonte: Mazza Edições, Ed. PUC Minas, 2001.

GONÇALVES SILVA, Petronília Beatriz. Cultura e história dos negros nas escolas. *Revista Eparrei.* Santos – SP: Casa de Cultura da Mulher Negra, ano 1, n. 5, 2. semestre/2003, p. 24-26.

GONÇALVES, Luiz A. O.; GONÇALVES e SILVA, Petronília. *O Jogo das diferenças:* o multiculturalismo e seus contextos. Belo Horizonte: Autêntica, 2000.

GRUPO AMMA – PSIQUE E NEGRITUDE. *Gostando mais de nós mesmos:* perguntas e respostas sobre a autoestima e questão racial. São Paulo: Ed. Gente, 1999.

HENRIQUES, RICARDO. *Desigualdade racial no Brasil:* evolução das condições de vida na década de 90. Rio de Janeiro: IPEA, 2001.

LIMA, Elvira Cristina Souza. Consciência cultural e modificação de comportamento institucionalmente construído. In: CICLO DE CONFERÊNCIAS DA CONSTITUINTE ESCOLAR, 2000, Belo Horizonte. *Caderno Temático* – Relação com o conhecimento, n. 3. Belo Horizonte: Secretaria Municipal de Educação, 2000.

LIMA, Ivan Costa; ROMÃO, Jeruse (Org.). *As idéias racistas, os negros e a educação.* Florianópolis: Núcleo de Estudos Negros, 2002. *(Série Pensamentos Negros em Educação, n. 1.).*

LIMA, Ivan Costa; ROMÃO, Jeruse (Org.). *Negros e currículo.* Florianópolis: Núcleo de Estudos Negros, 2002. *(Série Pensamentos Negros em Educação, n. 2.).*

LIMA, Ivan Costa; ROMÃO, Jeruse (Org.). *Os negros, os conteúdos escolares e a diversidade cultural.* Florianópolis. Núcleo de Estudos Negros, 2002. *(Série Pensamentos Negros em Educação,* n. 3.).

LIMA, Ivan Costa; ROMÃO, Jeruse; SILVEIRA, Sônia M. (Org.) *Os negros e a escola brasileira.* Florianópolis. Núcleo de Estudos Negros, 2002. *(Série Pensamento em Educação,* n. 1.).

MARTINS, Leda Maria. *Afrografias da memória:* o Reinado do Rosário no Jatobá. São Paulo: Perspectiva; Belo Horizonte: Mazza Edições, 1997. (Coleção Perspectiva).

MINAS GERAIS. SECRETARIA DE ESTADO DA EDUCAÇÃO DE MINAS GERAIS. *Sistema de Ação Pedagógica* – Dicionário do Professor – Currículo. Belo Horizonte: SEE, 2002.

MOREIRA, Antônio Flávio Barbosa. *O currículo na escola básica*: discussões atuais. Belo Horizonte: Centro de Aperfeiçoamento dos Profissionais da Educação, 2004.

MUNANGA, Kabengele. *Apresentação.* In: MUNANGA, Kabengele (Org.). *Estratégias e políticas de combate à discriminação racial.* São Paulo: Ed. Universidade de São Paulo, Estação da Ciência, 1996.

MUNANGA, Kabengele. *Rediscutindo a mestiçagem no Brasil:* identidade nacional *versus* identidade negra. Petrópolis: Vozes, 1999.

OLIVEIRA, David Eduardo de. *Cosmovisão Africana no Brasil:* elementos para uma filosofia afrodescendente. Fortaleza: LCR, 2003.

OLIVEIRA, David Eduardo de. *Estudo para a inserção da história e cultura africana e afro-brasileira no currículo escolar:* educação infantil, ensino fundamental, médio e superior. Brasília: MEC/Secretaria de Educação Continuada, Alfabetização e Diversidade.

PINTO, Regina Pahin. A questão racial e a formação dos professores. In: OLIVEIRA, Iolanda de (Org.). *Relações raciais e educação:* temas contemporâneos. Cadernos PENESB. Niterói: Ed. UFF, n. 4, 2002.

REVISTA SCIENTIFIC AMERICAN BRASIL. Etnomotemática. São Paulo: Duetto, 2005.

ROCHA, Rosa Margarida de Carvalho. *Almanaque Pedagógico Afro-Brasileiro:* uma proposta de intervenção pedagógica na superação do racismo no cotidiano escolar. Belo Horizonte: Mazza/Nzinga, 2004.

ROCHA, Rosa Margarida de Carvalho. *Declaração dos Direitos Essenciais da Criança Negra na Escola.* Belo Horizonte: Mazza Edições, 2000. Fôlder.

ROSEMBERG, Fúlvia; PINTO, Regina Pain. Trajetórias Escolares de Estudantes Brancos e Negros. In: MELO, Regina Lúcia Couto de; FREITAS, Rita de Cássia Coelho (Org.). Educação e Discriminação dos Negros. Belo Horizonte: IRHJP, 1988.

SACRISTIAN, J. Gimenro. Currículo e diversidade cultural. In: CICLO DE CONFERÊNCIAS DA CONSTITUINTE ESCOLAR, 2000, Belo Horizonte. *Caderno Temático* – Relação com o Conhecimento. Belo Horizonte: Secretaria Municipal de Educação, n.3, 2000.

SALVADOR. Secretaria Municipal de Educação. Rede Municipal de Ensino de Salvador. *Diretrizes Curriculares para a inclusão da História a da Cultura Afro-Brasileira.* Salvador: SME, 2004.

SANTANA, P. M. de S. *Rompendo barreiras do silêncio:* projetos pedagógicos discutem relações raciais em escolas municipais de Belo Horizonte. In: SILVA, Petronilha. B. Gonçalves; PINTO, Regina Pahim (Org.). Negro e educação: presença do negro no sistema educacional brasileiro. São Paulo: Ação Educativa/AMPED, 2001, p.37-52.

SECRETARIA ESPECIAL DE POLÍTICAS DE PROMOÇÃO DA IGUALDADE RACIAL. *Diretrizes Curriculares Nacionais para a Educação das Relações Étnico-Raciais e para o Ensino da História e Cultura Afro-Brasileira e Africana. Brasília:* SEPPIR, 2004.

SECRETARIA DE ESTADO DE EDUCAÇÃO DE MINAS GERAIS. *Proposta Curricular.* Educação Básica. Belo Horizonte: SEEMG, 2005.

SILVA, Cidinha da (Org.). *Ações Afirmativas em educação:* experiências brasileiras. São Paulo: Summus, 2003.

SILVA, Maria Aparecida. Formação de educadores(as) para o combate ao racismo: mais uma tarefa essencial. In: CAVALLEIRO, Eliane (Org.). *Racismo e Anti-Racismo na Educação.* Repensando nossa Escola. São Paulo: São Luís, 2001.

SILVA, T. T. da. Documentos de identidade. Belo Horizonte: Autêntica, 1999.

SILVA JÚNIOR, Hédio. Direito e legislação educacional para a diversidade étnica: breve histórico. In: MINISTÉRIO DA EDUCAÇÃO. Secretaria de Educação Média e Tecnológica. Diretoria de Ensino Médio. *Programa Diversidade na Educação:* reflexões e experiências. Brasília: MEC/SEMT, 2003.

SODRÉ, Muniz. Cultura, diversidade cultural e educação. In: TRINDADE, Azoilda Loretto; SANTOS, Rafael (Org.). *Multiculturalismo:* mil e uma faces da escola. Rio de Janeiro: DP&A, 2002.

SOUZA, Edileuza Penha de (Org.). *Negritude, Cinema e Educação* – Caminhos para a Implementação da Lei nº 10.639/2003. Belo Horizonte: Mazza Edições, 2006.

TEIXEIRA, Inês Assunção de Castro; LOPES, José de Souza Miguel (Org.). *A escola vai ao cinema*. Belo Horizonte: Autêntica Livraria, 2003.

YUS, Rafael. *Em Busca de uma Nova Escola.* Temas Transversais. Porto Alegre: ArtMed, 1998.

Pedidos para:
MAZZA EDIÇÕES LTDA.
Rua Bragança, 101 – Pompeia
30280-410 Belo Horizonte – MG
Telefax: (31) 3481-0591
www.mazzaedicoes.com.br
edmazza@uai.com.br